学习就是
构建新知识

幼儿园教育理论探索与实践

徐帮强　蒋海燕 ◎ 著

中国出版集团　　现代出版社

图书在版编目（CIP）数据

学习就是构建新知识：幼儿园教育理论探索与实践 /
徐帮强，蒋海燕著. — 北京：现代出版社，2021.8

ISBN 978-7-5143-9436-8

Ⅰ.①学… Ⅱ.①徐… ②蒋… Ⅲ.①学前教育—教
育理论 Ⅳ.①G610

中国版本图书馆CIP数据核字（2021）第179255号

学习就是构建新知识：幼儿园教育理论探索与实践

作　　者	徐帮强　蒋海燕
责任编辑	张桂玲
出版发行	现代出版社
地　　址	北京市安定门外安华里504号
邮政编码	100011
电　　话	010-64267325　64245264
网　　址	www.1980xd.com
电子邮箱	xiandai@cnpitc.com.cn
印　　制	北京政采印刷服务有限公司
开　　本	710mm×1000mm　1/16
印　　张	10.5
字　　数	168千
版　　次	2022年4月第1版　　2022年4月第1次印刷
书　　号	ISBN 978-7-5143-9436-8
定　　价	45.00元

序言

2019年，徐帮强出版了《日行小人国——幼儿园的100个经典故事》一书，不少朋友、同行阅读后感叹道："这本书太好了，提供了许多实操性的案例，我们读后受益匪浅，感觉好像有个人在手把手教我们如何做教育，为我们高品质的学前教育助力。"

两年过去了，我们对《日行小人国——幼儿园的100个经典故事》再次进行了全面系统的深入思考。我们一线幼儿园教师，日复一日、年复一年地做着重复性的、有规律性的工作，这些工作的背后，有没有一些指导性的思想、策略能提升我们教师的"教"和孩子们的"学"？有没有适合的课程体系？有没有更具操作性的教育教学策略？……

学前教育是一个系统工程，它涉及我们生活的方方面面。而这些千头万绪的背后是什么？我们想应该是孩子。关于孩子，我们讲得更多的是他们的学习。孩子们为什么学习？是如何学习的？要学习什么？教师要如何引导孩子们的学习？如何评价孩子们的学习？……而这些学习的最终目的又是什么？结合学前教育的独特性，我们提出了"人物己关系学"这个概念，孩子们的学习就是建立关系。我们从儿童本身出发，关注儿童身边的三大关系——人与人、人与物、人与己的关系，引导儿童通过关系学习了解其周围的主、客观世界，在互动交流中建构新的知识，进而建立积极、稳定的人物己关系。

思路决定出路。如何让人物己关系学在幼儿园得以实现，我们结合人物己关系学的独特性进行了三个维度的思考：为什么，解决目的问题；如何做，解决方法问题；做什么，解决执行问题。

于是，我们从理论篇、探索篇、实践篇三个部分来研究人物己关系学在幼儿园的运用。理论篇分三个章节详细阐述了未来社会对教育的需求、幼儿园课程体系的六大组成部分、人物己关系学课程体系的特点。探索篇分五个章节研究了人物己关系学课程体系下的幼儿一日生活、教学环境、师幼互动、幼儿评价及教学管理。实践篇分两个章节详细介绍了人物己关系学课程体系两个方面的实践。一是幼儿一日生活的十大环节：欢迎时间、计划时间、实施时间、整理时间、回顾时间、小组时间、大组时间、户外时间、餐点时间和过渡时间。二是项目教学开展的三个阶段，第一阶段：确定主题，制定网络图，提出问题；第二阶段：实地参访，研究问题，解决问题；第三阶段：总结经验，评估目标，分享成果。

幼儿的学习是以直接经验为基础的，在游戏和生活中进行的。而成人的学习则以间接经验为主，在思辨中提升认知水平。每一次学习，我们都应该抓住"关键词"这一核心概念展开。在本书十个章节中，每个章节的标题里我们都提供了两个"关键词"，如顺应与挑战、专注与专业、主动与关系、客观与整体、一线与整合、问题与呈现……这些"关键词"的背后就是课程的核心教育理念，这有助于读者理解、掌握每个篇章的核心内容。

同时，我们知道，幼儿园课程是幼儿园的核心，如何建设适宜的课程体系困扰着许多一线教育工作者。本书为幼儿园课程体系建设提供了一个可以参考的模型。从幼儿园的教育理念、培养目标、课程建设的一致性出发，我们全面、系统地分析了人物己关系学课程体系的六大组成部分：文化背景、价值取向、目标体系、内容体系、实施体系和评价体系，同时配备了课程实践的具体策略。这将为读者提供一个良好的借鉴。

本书的十个章节都是在作者结合20多年一线教育教学工作经验和平时对外分享交流的课件与案例的基础之上整理出来的，每个章节框架清晰、主题突出、语言精练、案例典型，使本书具有较强的通俗性、易读性、操作性，相信读者阅读起来比较方便。

在本书编撰过程中，家长、朋友及同事给予了我们极大的鼓舞，在此表示真挚的感谢。同时，由于疫情影响，工作繁忙，再加上水平有限，书中难免有不尽如人意的地方，望各位见谅，欢迎批评指正。

徐帮强　蒋海燕

2021年3月于珠海

理 论 篇

探 索 篇

实 践 篇

理论篇

探索篇

实践篇

学习就是构建新知识

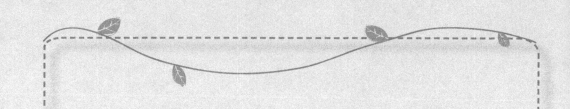

顺应与挑战，

面对未来我们需要什么样的孩子

　　什么是好的教育？好的教育既要关注孩子现在的生活，更要展望孩子未来的发展。教育要面向未来，现在的教育培养孩子的未来。我们畅想未来社会的状况，我们思考如何适应未来社会，我们更应反思未来之后人的发展。

当今社会，人工智能、大数据、云计算、物联网、区块链等信息扑面而来。面对这些，作为一名教育工作者，可能要回到哲学的三个终极问题：我是谁？我从哪里来？我到哪里去？深思之后，你的选择可能就是顺应与挑战。顺应当前社会的瞬息万变，方能看清自己，明白自己从哪里来，活在当下。同时，通过分析当下社会的政治、经济、文化、科技、教育等，我们可能又充满了迷茫，必须挑战未来，为不可知的未来做好准备。

1983年10月1日，邓小平为北京景山学校题词："教育要面向现代化，面向世界，面向未来"。它是一个统一的整体，既相互联系，又各有侧重。"教育面向现代化"是基础、核心，"教育面向世界"是内容、价值，"教育面向未来"是原则、目的。这为新时期我国教育体制改革和发展指明了正确的方向。

2019年12月，经济合作与发展组织（OECD）公布了2018年国际学生评估项目（PISA，2018）测试结果。在全部79个参测国家和地区对15岁学生的抽样测试中，我国北京、上海、江苏、浙江四省市作为一个整体，取得全部3项科目（阅读、数学、科学）参测国家和地区的第一名，高水平学生数量总数居于前列。同时测试也显示，我国四省市学生的阅读、数学和科学的学习效率分别为119.8分/小时、118.0分/小时和107.7分/小时，在参测国家（地区）中排名靠后，分列第四十四位、第四十六位、第五十四位。我国四省市学生的学校归属感指数为-0.19，满意度平均分为6.64分，在参测国家（地区）中分别排第五十一位和第六十一位。这表明我国学生的总体学习效率不高，学生幸福感偏低。这些数据引起了人们对教育的高度关注，PISA测试远不止排名，我们需要关注PISA测试更深层次的内容。

教育是一个复杂而又专业的系统工程，但教育必须面向未来。面对未来，我们到底该如何去开展教育，去教育我们的孩子？我们想分享三个方面的问题：畅想未来、适应未来和询问未来。第一，未来到底是什么样子的，我们可以结合自己的经验去畅想。第二，适应未来，那么未来是这样子的，我们应该怎样去适应它？第三，未来我们到底该做什么？

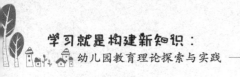

一、畅想未来

未来到底是什么样的？在这方面畅想最多的是谁？有人说是科学家，有人说是教育家，有人说可能是小说家，很显然他们都畅想了很多。其实对未来的畅想，应该还有电影人，如电影《黑客帝国》《终结者》等。影片《黑客帝国》是一部系列电影，最早的一部是华纳兄弟影片公司于1999年出品的动作、科幻电影，影片讲述了一名年轻的网络黑客尼奥发现看似正常的现实世界实际上是由一个名为"矩阵"的计算机人工智能系统控制的。尼奥在一位神秘女郎崔妮蒂的引导下见到了黑客组织的首领墨菲斯，三人走上了抗争矩阵的征途。《终结者》是美国著名科幻电影系列，著名电影杂志《电影周刊》在评选20世纪最值得收藏的一部电影时，此片以最高票数位居第一。《终结者》最早一部讲述的是：这是一个未来的世界，天下已经由机器人来操控。机器人想完全占领这个世界，把人类赶尽杀绝，却遇到了顽强抵抗的人类精英康纳。人类世界能否因为这场斗争改变原来的厄运呢？这两部系列电影都呈现的是人工智能和人类之间的斗争，可能是未来的一种状态。

另外，还有一部影片叫《人工智能》。《人工智能》是由华纳兄弟影片公司于2001年拍摄发行的一部未来派的科幻类电影。影片讲述21世纪中期，人类的科学技术已经达到了相当高的水平，一个小机器人大卫为了寻找养母，缩短机器人和人类的差距而奋斗的故事。小机器人大卫发现在那个世界中，机器人和机器之间的差距是那么的巨大，又是那么的脆弱。他要找寻自我、探索人性，成为一个真正意义上的人。在这部电影里，人工智能为人类服务，共同存在于未来世界。

未来社会到底是什么样的？是人类变成了人工智能的奴隶，还是人工智能跟人类斗争，争抢生存空间，或许还有别的形态出现，这些我们现在可能无法确定。新儒学家梁漱溟在《东方文化及其哲学》中谈道："概而言之，世界文化的复兴，即是中国文化的复兴。"世界文明的终点就是中华文明的兴起。中国人的这种文化底蕴思考的是什么？天人合一这种理念，可能就是未来人类一种至高无上的或者是人类文化最高级的发展趋势。在未来人工智能时代，我们人类该怎么做？这可能需要我们好好思考一下。有了这样的思考以后，再去做教育，就会觉得非常有价值了。

2013年德国汉诺威工业博览会正式推出工业4.0。所谓工业4.0（Industry 4.0），是基于工业发展的不同阶段做出的划分。按照目前的共识，工业1.0是蒸汽机时代，其标志为瓦特改进蒸汽机；工业2.0是电气化时代，其标志是家用电器的产生和飞机、汽车等交通工具的出现；工业3.0是信息化时代，它以原子能、电子计算机、空间技术和生物工程的发明与应用为主要标志；工业4.0则是利用信息化技术促进产业变革的时代，也就是智能化时代。其核心目的是提高德国工业的竞争力，在新一轮工业革命中占领先机。

德国所谓的工业4.0是指利用物联信息系统（Cyber-Physical System，CPS）将生产中的供应、制造、销售信息数据化、智慧化，最后达到快速、有效、个人化的产品供应。

社会工业如此变化，那我们的教育是怎样变化的？曾受聘于华东师范大学现代教育技术研究所思维可视化教学实验中心主任刘濯源提出，教育4.0就是在信息智能文明时代，以满足学习者心智发展为主要教育目标，以互联网和智能终端为信息载体与传递方式，以教学组织结合自主学习社群为组织形式的教育新形态。

第一阶段：教育1.0时代，人类文明处于"采摘与渔猎文明"时代。第二阶段：教育2.0时代，人类已进入"农牧和养殖文明"时代。第三阶段：教育3.0时代，人类进入"机器工业文明"时代。社会化大工业生产需要大批量的专业技术人才，因此教育的主要目标不再是培养"好人"和"好官"，而是要教授现代科学知识及发展专业技能。第四阶段：教育4.0时代，随着互联网及智能终端设备的迅猛发展，人类文明从"机器工业文明"时代跨入"信息智能文明"时代，教育也即将从3.0时代迈入4.0时代。由于知识与技术的更新速度不断加快，"智本"将代替"知本"，"学力"将重于"学历"，教育目标正从"传递知识"走向"发展心智"。教学方式正从"纯线下"转向"线上"或"线上与线下相结合"，其组织形式也从单一的"他组织"（如传统学校）向"他组织"与"自组织"（如学习社群）相结合转变。这对我们的教育提出了巨大的

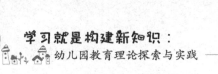

挑战。

我们现在处于工业革命4.0初期，有很多国家可能还是工业革命3.0时代，许多时候还是受工业革命3.0时代的影响，所以，现在我们还是非常重视知识技能，但未来是什么样子的？信息智能文明，我们现在处于一种什么状态？属于一种过渡期。到了教育4.0时代，它不仅关注人的知识与技能，还关注人的情感态度、价值观、学习方式以及人的心理。

教育4.0时代的心智发展既有智力的因素，也有心理的因素，属于综合性的发展，而学习方式就不再仅仅是阅读、广播、视频了，还有互联网+人工智能，它的组织也是多态并存的，组织有可能是学校，有可能就是一台机器。

2020年新冠病毒肆虐全球，2020年上半年许多幼儿园停课，幼儿不能入园上学。我们结合幼儿园课程特色和家园共育的需要，开展了为期四个月的云学园和云见面。以项目教学的形式开展，在这期间开展了五个项目，从"病毒大战"项目开始，到后来相继做了"我爱我家""我的社区""数学王国""我要上小学"等项目。每个项目，我们都从"核心问题"出发，引导孩子发现问题、研究问题、解决问题，再到最后的分享成果。同时充分借助家长资源，与家长一起互动，引导孩子在真实的情境里主动学习。

同时，我们还借助线上会议，每周跟每个孩子在线上进行互动与交流。云见面时，老师会做一些小游戏跟孩子进行互动，一次邀请五六个孩子参加，家长全程参与，及时辅导孩子。另外，老师、家长还可以通过线上跟孩子互动，相互发一些视频、图片等，老师会根据这些再进行改革，这样，教学的形式已经发生了变化。这是一种新型家园共育的线上教育。我们在探索怎样把线下教学和线上教学充分结合起来，利用互联网来实现，当然，如果有人工智能就更好了。

教育4.0时代，对于我们的老师、我们的孩子都是一种非常大的挑战。所以，我们要思考：未来的社会是怎样的？未来我们的教育应该是什么样子的？

二、适应未来

畅想未来之后，我们就应该思考如何适应未来。2018年3月28日，北京师范大学中国教育创新研究院在北京师范大学京师学堂举行发布会，首次对外发布《21世纪核心素养5C模型研究报告（中文版）》。这份报告吸纳了中国学者在相关领域的研究成果，并基于我国社会、经济、科技、教育发展需求，进一步追问"打下中国根基、兼具国际视野"的人应该具有哪些素养，提出了"21世纪核心素养5C模型"并搭建框架、阐述内涵。5C模型包括文化理解与传承（culture competency）、审辨思维（critical thinking）、创新（creativity）、沟通（communication）、合作（collaboration）共五个方面，这五项素养的首字母均为C，故称该模型为核心素养的5C模型，这些素养简称5C素养。现在我们已经到了工业4.0时代，在这个社会里，我们要培养孩子什么样的核心素养，这份报告指出了明确的方向。

结合幼儿园的实际情况，我们也可以这样思考一下孩子的需求。第一，文化理解与传承，我们应该培养有根、有当地文化内涵的孩子。我们的教育必须结合当地的文化开展，从小引导孩子了解当地的历史文化、风土人情等，增强文化的自豪感。第二，审辨思维，审辨思维的一个核心是什么？我们讲要有问题意识，善于发现问题。孩子只有有了问题，才会想着分析问题、解决问题，最后就是分享成果。第三，创新。幼儿园如何创新？我们认为更多的是给予孩子创新的机会，在开展教育的过程中让孩子主动学习、积极探究、大胆思维，最后再结合孩子的实践情况进行创新创作。项目教学给了我们比较好的启示，也便于孩子进行创新。在项目教学中，孩子基于实际的情境进行学习，围绕核心问题进行探究。孩子不断提出问题、研究问题、解决问题，这个过程本身就是在创新。这个过程不仅仅是有一个答案，孩子有可能在解决问题的过程中产生一些新的问题，而新的问题有可能就是以前的人所没有接触到的，这个可能就是创新的源泉。第四，沟通。沟通就是基于互相了解、尊重，换位思考。所以做工作的时候，我们要多从家长的角度、同事的角度、孩子的角度去思考，思考孩子未来会怎么样，思考未来我们的教育会怎么样。第五，合作，合作共赢。未来的社会绝对不是一个人能打天下的社会，肯定是大家齐头并进，你帮助我，我帮助你。如果没有合作意识，便会出现很多问题。同时，合作也是一个现代人所必备的基本素质，幼儿园可以从小培养孩子的合作意识和能力，为其未来发展奠定良好的基础。

北京师范大学著名心理学家、教授、博士生导师陈会昌主持了一项长达19年的研究，对北京208个普通孩子从2岁起开始跟踪研究他们的社会行为与家庭教养方式。陈会昌教授的研究结果发现：每个孩子身上都有自控力和主动性"两颗种子"，孩子成长最理想的状态，就是两颗种子都饱满地、和谐平衡地得到发展。

关于控制力，中国的孩子这方面普遍做得比较好。为什么？因为平时我们要求得多，从幼儿园开始，老师就有严格的要求，要遵守社会规范，遵守班级班规、幼儿园园规、社会秩序等，在家庭中家长有家教，在社会上又有社会规范等。但是中国的孩子普遍缺少什么呢？主动性。学习的主动性比较弱，学习习惯不好，很多时候，孩子们学习的愿望不强，学习的目的性不够，学习是成人要求甚至是成人强迫孩子进行的。

关于主动性，美国著名心理学家戴维·维卡特讲过："主动性学习是儿童通过物体操作并与人、思想、事件互动而构建新理解的学习。"没有人可以替代儿童进行经历，儿童必须亲身体验。《3—6岁儿童学习与发展指南》实施原则的第三点讲道："理解幼儿的学习方式和特点。幼儿的学习是以直接经验为基础，在游戏和日常生活中进行的。要珍视游戏和生活的独特价值，创设丰富的教育环境，合理安排一日生活，最大限度地支持和满足幼儿通过直接感知、实际操作和亲身体验获取经验的需要，严禁'拔苗助长'式的超前教育和强化训练。"从这个角度来说，戴维·维卡特的提法跟我们的讲法是一致的。根据主动学习这个定义，又延伸出了主动学习的五要素：一是材料，这些材料必须是安全卫生、数量种类充足、真实开放性的低结构材料；二是操作，幼儿可以摆弄、探究、组合和转换各类材料，建构自己的理解；三是选择，幼儿可以自由选择时间、地点、同伴和玩法，形成自己的想法；四是幼儿的语言和思维，幼儿与他人进行语言和非语言的会话，不断提升思维水平；五是成人的鹰架，幼儿在"最近发展区"里，现有的水平得到提升，获得长足发展。主动学习中，五要素缺一不可，缺少一个可能就不是很好的主动学习。幼儿要真正获得良好发展，必须"两颗种子"都要发芽，都要成长。

讲到主动性，就不能不讲幼儿的学习品质。学习品质是什么？《3—6岁儿童学习与发展指南》实施原则的第四点讲道："重视幼儿的学习品质。幼儿在活动过程中表现出的积极态度和良好行为倾向是终身学习与发展所必需的宝贵品质。要充分尊重和保护幼儿的好奇心与学习兴趣，帮助幼儿逐步养成积极主动、认真专注、不怕困难、敢于探究和尝试、乐于想象和创造等良好的学习品质。忽视幼儿学习品质培养，单纯追求知识技能学习的做法是短视而有害的。"具体指的就是这五个方面：幼儿的好奇心与学习兴趣、幼儿的主动性、幼儿的坚持与专注、幼儿的想象与创造、幼儿的反思与解释。这些其实是渗透在幼儿日常生活中的，是可以感受到但又不可见的，所以，这是非常重要的一个领域。

学习品质不是一个具体的学习领域，它不像健康、语言、社会、科学和艺术是学习领域，可以很清楚地看得见、摸得着。学习品质，看不见、摸不着，它可能更多的是学习方式和学习习惯。在项目教学里，我们非常重视幼儿学习品质的培养。项目教学主要分为三个阶段，每个阶段有明确的任务。第一阶段：确定主题，制定网络图，提出问题；第二阶段：实地参访，研究问题，解决问题；第三阶段：总结经验，评估目标，分享成果。三个阶段其实都是基于问题的学习，都是教师与幼儿在做反思和解释。在项目实施过程中，第一阶段重在孩子们的兴趣和爱好，第二阶段重在孩子们的主动性、创新和坚持，第三阶段重在孩子们的反思。所以在整个项目教学里，孩子们的学习品质得到了充分培养，同时在这个过程中，又将健康、语言、社会、科学和艺术五大领域渗透其中，幼儿获得了整体性的发展。

三、询问未来

未来已来，在未来我们到底该怎么做？这里先讲一个故事，一个关于伟大的物理学家爱因斯坦的故事。

有一天，一个普林斯顿大学物理系的学生接到通知，要他去采访爱因斯坦。一个学物理的人有机会采访爱因斯坦，他的心情特别激动。他彻夜在报纸上寻找所有关于爱因斯坦的报道，发现以前所有关于爱因斯坦的报道都是非常肤浅的。那个物理系的学生认为没有人真正触及这个最智慧大脑里面的问题，他决定问一个真正的问题。

第二天下午2点半，他跑到爱因斯坦家门口敲门。学生问出了那个问题："爱因斯坦先生，请你告诉我，这个世界上你认为最重要的科学问题是什么？"

爱因斯坦说："这是个好问题。"那个学生很高兴。爱因斯坦往后面一靠，不说话，开始抽烟斗。他的烟斗一明一暗，过了10多分钟，爱因斯坦把眼睛张开说："年轻人，我知道了，假如这个世界上有什么最重要的科学问题，那就是，这个世界是邪恶的，还是善良的？"

学生觉得很奇怪，说道："教授，这难道不是一个宗教问题吗？"爱因斯坦说："不是的，假如科学家相信这个世界是邪恶的，他就会终其一生去发明武器，创造墙壁，发明那些把人们隔得越来越远的东西。但如果他相信这个世界是善良的，他就会终其一生去创造连接、创造沟通，发明那些使人们越来越近的东西，越来越统一的事情。所以我认为，这个世界是善良的还是邪恶的，是最重要的科学问题。"

这个学生拿到了他想要的答案，这个答案也影响了他一生，他成了第一批研究计算机科学和互联网的人。

讲这个故事的目的是：真正的科学问题，就是科学无国界，科学不分学科。真正的学者认为：科学首先讲的并不是科学的操作，而是应该观察科学背后的人是怎么样的，科学家是怎么样的。

这涉及人性问题。科学的本性还是人性。没有一个对于人性的正确认识，科学家的本性就很难真正表现出来。对于这一点，不仅是以前的科学家有这样的想法，我们现代的教育家也认为应该如此。

2019年11月25日，北京师范大学副校长周作宇在未来教育大会做了一个分享《教育，未来之后》。他指出：①过去未去：要尊重过去、尊重历史，很好地研究历史优秀的文化传统，历史留下来的高级的智慧。同时要很好地审慎过去需要我们抛弃的一些东西，特别是心智模式。②未来已来：对教育来说，真正要做到的就是能让每个人都把未来和自己联系起来，让每个人想象当中的未来都和自己关联起来。③未来以后：如何面向未来，如何使未来和我们当下能够进行很好的连接，如何使未来和每个人发生关系，有六个方面（平衡、转型、身体力行、创新、沟通、可持续发展）。共同探讨的一个问题是在科技发展之后，如何守住人类最核心的价值，这就是伦理的问题。

这是一个变化的社会，未来社会其实已经来了，如AI（人工智能）技术、无人驾驶、阿尔法围棋等。未来已经扑面而来，你有没有准备好？每个人都应该思考未来和自己的关联在哪里。另外，未来以后，如何实现未来和我们当下建立起很好的链接，那就是发生关系。而这个关系里，最核心的价值就是伦理的问题。

针对2019年年末发生的新冠疫情，不同人的看法是不一样的。有的人主张完全杀死病毒，进而保护人类。而有的科学家经过研究认为：新冠病毒可能会较长期存在，人类可能需要与病毒打持久战。面对病毒，我们人类到底该如何做？我想这不仅仅是一个科学问题，可能更是一个非常重要的伦理问题。我们需要重新思考大自然与人类的关系，思考未来万物的共生关系。

这里有一个小小的问题，请尽可能猜想一下30年后，您的孩子与外在的关系是什么样的？有的人会讲：孩子成为社会的一名合格公民，有自己喜爱并能有发展的职业，有自己的爱好兴趣，有追求生活梦想的权利，有享受生活的资本，有良好的未来计划；有的人会讲：30年后，孩子是家庭的一员，有一份稳定的工作，通过双手为国家积极做贡献，工作在自己的岗位上，照顾家庭，守护家园，奉献社会；有的人会讲：孩子会更自由，掌握更多的高科技，过自己想要的生活；有的人会讲：女儿在教室里给学生上课，儿子在病房里给病人做手术，儿女双全，家庭幸福……

关于30年后，我们许多人会想到家庭，思考人际关系，关注自身的发展和国家的关系。确实，30年后，我们可能会遇到无法控制的科技、智能大社会。在那样的社会里，我们到底该怎样生活？怎样做教育？我想：可能30年后，我们更多地需要思考关系，思考人与人的关系、人与物的关系，还有人与己的关系。不管科技怎么样，是为人类服务，还是人类与科技共存，或许还有其他的状况，但是我们肯定首先要思考的是与周围人、事物、思想的关系。

中国最后一位大儒家、现代新儒家的早期代表人物梁漱溟自称"是一个有思想，又且本着他的思想而行动的人"，他把孔子、孟子、王阳明的儒家思想、佛教哲学和西方柏格森的"生命哲学"糅合在一起，把整个宇宙看成人的生活、意欲不断得到满足的过程，提出以"意欲"为根本，又赋予中国传统哲学中"生生"概念以本体论和近代生物进化论的意义，认为"宇宙实成于生活之上，托乎生活而存者也"，"生活就是没尽的意欲和那不断的满足与不满足罢了"。梁漱溟先生曾在《这个世界会好吗》一书中谈道："人类面临着三大问题，顺序错不得。先要解决人和物之间的问题，接下来要解决人与人之间的问题，最后一定要解决人和自己内心之间的问题。"

确实，我们在日常生活中需要处理好人与人的关系，如我是怎样为别人着想，我是怎样换位思考，我是怎样处理好同事关系、邻居关系、和社区的关系、和陌生人的关系，等等。然后还要讲的是人和物的关系。现在，我们应该思考如何处理好与病毒的关系，很显然是做好个人防护，不让自己感染病毒。最后是人和自己的关系，未来社会，自己在社会中的地位可能更多思考的是伦理的关系。

结合教育行业的特点，我们从儿童的主动性与外在的影响力两个维度、两种变量思考人物己关系学中的各类关系，建立起了"SADU人物己关系模型"，如下图所示。

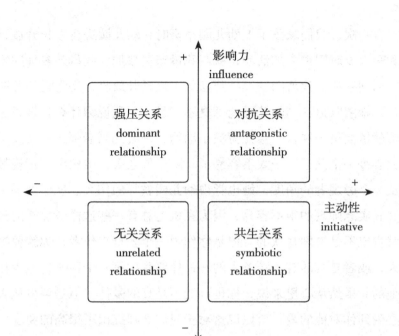

SADU人物己关系模型

在这个模型里，我们把人物己关系相对划分为四大类：左下角是"无关关系"，在这种关系里，幼儿与外界没有建立联系，幼儿学习的主动性和外在的影响力都非常微弱；左上角是"强压关系"，在这种关系里，随着外在影响力的逐步增大，幼儿与外界建立起了联系，但在这种关系里幼儿是被动的；右上角是"对抗关系"，在这种关系里，随着外在影响力、幼儿主动性的逐步加强，幼儿与外界产生了对抗，不利于幼儿的发展；右下角是"共生关系"，在这种关系里，外在影响力逐步减弱，幼儿主动性逐步增强，幼儿愿意主动探究外在世界，与外界建立了积极、稳定的关系。这种关系才是理想的关系，有助于共同生长。

讲到教师与学生的关系，美国教育工作者丽塔·皮尔逊的演讲《每个孩子都需要一个冠军》给人们留下了深刻的印象，她讲道："孩子们不会跟他们不喜欢的人学习。"她号召教育者们相信他们的学生，并且从个人角度真正建立起和孩子们的联系。确实，师生关系对于我们每个人都至关重要。在我们每个人的成长过程中，都会有这么一位或者几位老师深深地影响过我们，我们会永远记得他们对我们的影响，这种积极的关系会影响我们一生。

　　记得有一次，我们家孩子上幼儿园小班时，幼儿园进行家长开放日活动，因为我和爱人没时间去参加活动，就叫我母亲去参加。我母亲参加完家长开放日活动，回到家后，我就问她："您参加了家长开放日，您觉得幼儿园的老师怎么样？"她感叹道："幼儿园老师真不容易。"我说为什么？她说道："幼儿园老师就像演员一样，一会儿扮演小动物，一会儿当老师，一会儿又当妈妈爱护、关心每一个孩子……太不容易了。"一位老人，虽然没有正规教育的经验，但从一个旁观者的角度，她也觉得幼儿园教师的伟大。就像丽塔·皮尔逊讲的："其实老师真的很不容易，因为在班上总有一些这样或那样的孩子，他们天生就肯定不是受你喜欢的，但是你作为一个教育工作者，你就要把自己装扮成圣人，或者是真的有一颗圣人的心，你要爱护每一个孩子，至少让他觉得你是爱他的。虽然从心里来说，你也可能不是真的爱他，但是至少从表象上你要让他感受到你对他的爱，所以说这对于我们老师提出了很高的要求。"作为老师，你要像圣人一样去爱护每个孩子，你要让他感受到你对他的爱，这种爱是什么？其实本质上就是你要跟他建立起关系，建立起稳定的、积极的人与人的关系，只有这种关系才能够对他产生深刻影响。

　　古语云："三岁看大，七岁看老。"这句话的意思是什么？很多人没有真正理解，只是觉得学前教育很重要。真正的理解应该是：三岁看的是一种关系，七岁看的是一种习惯。所以幼儿园阶段，我们希望幼儿园教师跟孩子之间建立起一种积极的、正面的、长期的有效关系，同时帮助孩子养成良好的习惯，所以这就是幼儿园的终极目标。而终极目标里最为核心的就是帮孩子建立起三种关系——人与人、人与物、人与自己的关系，正是在这样几种关系下，我们的教育才产生了神奇的效果。如果没有这种关系的建立，你做再多、再好的课程，再好的学校都是无用的。没有很好的关系，再好的教育都很难开展。

　　黎巴嫩著名诗人、画家、散文作家纪伯伦的诗《你的儿女其实不是你的》写道：

　　你的儿女，

　　其实不是你的儿女。

他们是生命对于自身渴望而诞生的孩子。

他们借助你来到这世界，

却非因你而来，

他们在你身旁，

却并不属于你。

你可以给予他们的是你的爱，

却不是你的想法，

因为他们有自己的思想。

你可以庇护的是他们的身体，

却不是他们的灵魂，

因为他们的灵魂属于明天，

属于你做梦也无法到达的明天，

你可以拼尽全力，

变得像他们一样，

却不要让他们变得和你一样，

因为生命不会后退，

也不在过去停留。

你是弓，

儿女是从你那里射出的箭。

弓箭手望着未来之路上的箭靶，

他用尽力气将你拉开，

使他的箭射得又快又远。

怀着快乐的心情，

在弓箭手的手中弯曲吧，

因为他爱一路飞翔的箭，

也爱无比稳定的弓。

作者想表达的意思就是父母要处理好与孩子的关系。当然，这对于我们老

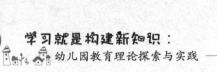
师来讲也是一样的。我们不要强迫把孩子变成像你一样，变成你想象的一样。我们要什么？尊重孩子自身个体所具有的独特的魅力，顺应孩子，因材施教，与孩子建立关系。

教育不仅要关注现在，更要面向未来及未来以后，我们教育的终极目标是要建立起一种包含各种关系的教育。真正的教育工作者从本性上讲应该做什么？应该关注每个孩子的发展，做到因材施教，帮助他与外界建立起积极的稳定关系。我们希望每个孩子都自信、好奇、主动、坚韧，敢于提问，有想象力、创造力，善于反思和解释，这些品质建立起来了，那么我们的教育目的也就达到了。

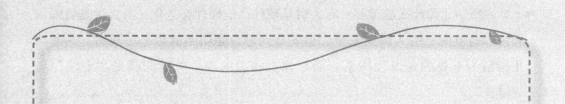

专注与专业，
建设高品质幼儿园课程体系

　　课程是幼儿园的核心。这个核心的内涵是什么？如何打造这个核心？有没有可以借鉴的策略？……这些都会困扰每一个教育工作者。我们结合当前十大课程模式，系统地介绍了课程的六大组成部分，并结合多年工作经验讲述了一些具体的、可操作的策略。

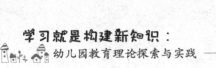

一所幼儿园什么最重要？有人讲是硬件，但硬件会老化；有人讲是教师，但教师会流失；有人讲是安全，但安全问题总是防不胜防……其实，一所幼儿园最为重要的是课程体系。而与课程相关的两个关键词就是"专注"与"专业"。

1. 专注

讲到专注，我们来看看我国学前教育的发展史。1903年，在晚清湖广总督张之洞策划下，湖北巡抚端方在武昌阅马场寻常小学堂内设立了中国第一所幼儿教育机构——湖北幼稚园，首开中国幼儿公共教育历史的先河。100多年来，我们一直在学习，先是晚清时学习日本的学前教育，紧接是民国时期学习欧美国家的学前教育，然后是学习苏联的学前教育，最后是改革开放后再次学习欧美国家的学前教育。我们少有自己的课程体系。反思一下现在全国比较著名的幼儿园，就会发现很多好的幼儿园的课程模式是比较单一的，而很多幼儿园的课程模式比较混杂。笔者曾经看到这样一所幼儿园，这所幼儿园的课程很有"特色"，一个班一种课程模式，这个班是蒙氏班，那个班是华德福班，还有高瞻班、项目班……现在流行的课程模式都有。笔者开玩笑地讲道："你这是课程'联合国'呀！"这个说得好听是百花齐放，说得不好听是杂草丛生。其实幼儿园课程绝对不能是百花齐放，什么课程都做，必须有一个核心的价值取向，专注于一种课程模式、一种理念，核心的理念引领整个课程模式的发展。专注，在幼儿园课程建设中非常重要。

2. 专业

我们都知道，要讲专业，一定要走向专业化，我们需要专业支撑。那么什么是专业？可能很多人有不同的理解。幼儿园经常发生这样的事情：家长向老师反映孩子在家吃饭这个问题，每一次回家吃饭都是吵吵闹闹不吃饭，家长也上网搜索了不少办法，软的也来，硬的也来，可孩子就是不吃。他来请教老师，如果这个时候老师给他一定的方法帮助孩子喜欢上吃饭，我想这个家长肯定会为我们的老师点赞。专业更多的时候是指向能不能解决问题。2012年，教育部颁布了一份非常重要的政策文件《幼儿园教师专业标准（试行）》，这是一份具有划时代意义的文件。这份文件从三个维度、十四个领域、六十二条基本要求方面规定了如何做一名专业的幼儿园教师，三个维度就是专业理念与师德、专业知识和专业能力。近几年，我们看到媒体报道幼儿园教师虐童事件。当这样的事情发生的时候，我们会去"查看"教师的师德问题。其实这种事情的发生，可能不仅仅是师德问题，可能有更深层次的问题——教师的专业性不够，不知道如何与幼儿进行互动。如果找到原因，进行提前预防教育，提升教师与幼儿进行互动的能力，相信虐童事件会越来越少。这与教师的专业性紧密相关。

讲到幼儿园教师的专业能力，2001年教育部颁布的《幼儿园教育指导纲要（试行）》讲道："教师应成为幼儿学习活动的支持者、合作者、引导者。"在新时代，我们觉得还应加一个"者"——观察者。教师一定要会观察幼儿，如果教师连最基本的观察幼儿的能力都没有的话，是很难走向专业化的。而这些观察能力的提升，与教师组织幼儿的一日生活紧密相关，教师要明确一日生活中自己的职责。2016年教育部颁布的《幼儿园工作规程》就明确讲到一个专业的幼儿教师每天要做的六件事。

（1）观察了解幼儿，依据国家有关规定，结合本班幼儿的发展水平和兴趣需要，制订和执行教育工作计划，合理安排幼儿一日生活。

（2）创设良好的教育环境，合理组织教育内容，提供丰富的玩具和游戏材料，开展适宜的教育活动。

（3）严格执行幼儿园安全、卫生保健制度，指导并配合保育员管理本班幼儿生活，做好卫生保健工作。

（4）与家长保持经常联系，了解幼儿家庭的教育环境，商讨符合幼儿特点的教育措施，相互配合共同完成教育任务。

（5）参加业务学习和保育教育研究活动。

（6）定期总结评估保教工作实效，接受园长的指导和检查。

这些都是专业化教师必须做的事情。

一、幼儿园课程是什么

在英语中，"课程"（curriculum）一词来自拉丁语"currere"，其含义是

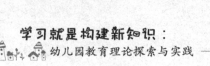

"跑道"（race course）或"奔跑"。用名词形式解释该词的词义，"跑道"即"学程"（course of study），课程的含义是为幼儿设计学习的轨道。用动词形式解释该词的词义，"跑道"即"学习的过程"，课程的含义是幼儿对自己学习经验的认识。

课程是一个体系，是关于文化背景、价值取向、目标体系、内容体系、实施体系、评价体系的一个系统，是教育思想、教育理论转化为教育实践的中介或桥梁。教育实践常以课程为轴心开展，教育改革也常以课程改革为突破口而进行。

结合幼儿园来讲，幼儿园课程是什么？不同的人有不同的观点。有人说课程是游戏，课程要以游戏的形式开展；有人说课程是经验，教师要为幼儿提供健康、丰富的生活和活动环境，满足他们多方面发展的需要，使他们在快乐的童年生活中获得有益身心发展的经验；有人说课程是教材，把教材等同于课程，幼儿园完全按照教材的安排开展活动；有人说课程是活动，一日生活皆课程，幼儿一日生活的各个环节都可以作为课程；还有人说课程是关系，幼儿园的课程其实就是帮助孩子与他的周边建立联系，理解他身边的各种关系，包括人与人的关系、人与物的关系、人与己的关系……到底哪一种说法是正确的？其实没有一个明确的答案，或许这些我们都需要关注。

二、幼儿园课程的六大组成部分

一个完整的幼儿园课程体系应该涵盖六个方面的内容：课程的文化背景、价值取向、目标体系、内容体系、实施体系和评价体系。这六个部分缺一不可，相互影响，共同打造高品质幼儿园课程体系。

1. 课程的文化背景

任何课程的产生都有其独特的文化背景。什么是文化？文化其实没有固定的定义，有很多种说法，却没有明确的说法。文化是一个非常广泛的概念，给它下一个严格和精确的定义是一件非常困难的事情，迄今为止，仍没有获得一个公认的、令人满意的定义。笼统地说，文化是一种社会现象，是人们长期创造形成的产物。只有人才有文化，动物是没有文化的。比如，有人说"狼"文化，狼的某些行为不是文化，是本能。同时，文化又是一种历史现象，是社会历史的积淀物。确切地说，文化是凝结在物质之中又游离于物质之外的，能够被传承的国家或民族的历史、地理、风土人情、传统习俗、生活方式、文学艺术、行为规范、思维方式、价值观念等，是人类之间进行交流的普遍认可的一种能够传承的意识形态。比如，面对新冠疫情，东西方文化差异就非常大。关于戴口罩，东方文化下的人，普遍觉得戴口罩是一件很正常的事情，戴口罩既可以防止病毒传染，又可以保护自己。而西方文化下的人，会觉得只有病人才戴口罩，没有生病就不需要戴口罩。但是经过科学的验证，新冠病毒很容易传染，戴口罩确实对防止感染新冠病毒有效。慢慢地，西方文化背景下的人也开始接受戴口罩这件事情。在特定时期，文化也可以发生改变。

讲到文化，必须讲一讲维果斯基，他是苏联心理学家，"文化—历史"发展理论的创始人。他提出的"文化—历史"发展理论认为：人的高级心理机能亦即随意的心理过程，并不是人自身所固有的，而是在与周围人的交往过程中产生与发展起来的，是受人类的文化历史所制约的。其实现的具体机制是通过物质工具，如刀斧、计算机等，以及精神工具，如各种符号、词和语言等。他特别强调活动和社会交往这一文化在人的高级心理机能发展中的突出作用。同时，他对我们的教育还产生了深刻的影响，提出了著名的"最近发展区"（zone of proximal development）理论和"鹰架"学习理论。他指出："孩子现在发展水平与潜在发展水平之间的区域叫最近发展区。"而在这个区域之间教师给予的支持叫作鹰架，鹰架有两种：一种叫水平鹰架，另一种叫垂直鹰架。举个例子，假如你看到一个孩子拿着剪刀沿着直线去剪一张纸，他不会剪，我们要分析原因。这个孩子到底是因为不会使用剪刀还是小肌肉发展不够，还是他的空间感不够？分析后发现：是孩子的小肌肉不够。那么我们就会在平时的教学过程中让他去练习撕纸、穿串珠等，训练他的小肌肉。有可能你觉得是他的空间感不够，那么平时就要引导他走走直线、训练他的空间感等。这种策略叫水平鹰架，水平鹰架通常又叫支持。垂直鹰架，又叫延伸，当我们发现这个小孩不会拿着剪刀剪直线并不是因为小肌肉不够发达，也不是因为空间感不够，而是因为他不会拿剪刀时，就可以借助同伴的力量，让同伴教他使用剪刀。这

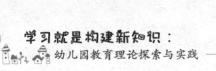

样在同伴的帮助下，他就学会了使用剪刀，这种鹰架就叫垂直鹰架。那么，水平鹰架和垂直鹰架有什么区别呢？水平鹰架更多的是指间接地影响孩子的行为，而垂直鹰架是指孩子的行为直接发生了变化。

讲到文化，这里还要讲一讲生态系统理论，由美国著名心理学家布朗芬布伦纳（Urie Bronfenbrenner）提出的个体发展模型，强调发展个体嵌套于相互影响的一系列环境系统之中，在这些系统中，系统与个体相互作用并影响着个体发展。他把个体的环境系统划分为四个大系统，后来延伸为五大系统，分别是微系统、中系统、外系统、宏系统和历时系统。微系统是指直接对孩子产生影响的环境，如家庭、幼儿园、社区、邻里关系。中系统是微系统和微系统的关系，如家园共育。现在我国放开了生育政策，很多家庭里面有了哥哥、姐姐、弟弟、妹妹。一个家庭里本来有一个哥哥，后来又生了一个妹妹，那么哥哥可能就会觉得我的爱被妹妹剥夺了，所以经常会趁爸爸妈妈不注意去打妹妹，这个妹妹就获得了一种人际交往的方式，一种粗暴的方式：打。那么她就会把这种方式迁移到幼儿园去，所以当她与别人产生冲突时，她就会通过打的方式来解决问题，这就是中系统产生的影响。外系统指的是间接对孩子产生影响的环境，如父母的职业。我们经常说警察是干什么的？抓坏蛋。有一个小朋友的爸爸也是警察，但是他去看爸爸的工作时，发现爸爸就是警务办公大厅办理身份证的人，所以他就会讲："我爸爸也是警察，但他不抓坏蛋。"这个小朋友对于警察角色的认识，跟别的孩子就不一样了，这就是外系统的影响。宏系统指的是孩子所处的社区，大的文化背景，当地的历史、地理、风土人情、传统习俗、生活方式、思维习惯等。历时系统是指把时间作为研究个体成长中心理变化的参照体系。它强调了幼儿的变化或者发展，将时间和环境结合起来考察幼儿发展的动态过程。它有固定的时间节点，但是如果节点被打乱了，那么个体便会产生很大的变化，如父母离异。有这样一个家庭，家里面有两个女孩，女儿是爸爸的小棉袄，两个孩子经常是爸爸带，两个孩子都很好。妹妹上小班时非常可爱，可到中班上学期时，老师发现妹妹有些不好的行为：经常莫名地哭闹，来到幼儿园就趴在地下不起来，有时还大小便失禁。老师与妈妈沟通，妈妈才讲他们夫妻离婚了。离婚后，姐姐判给了爸爸，妹妹判给了妈妈。因为离婚，妈妈的工作压力比较大，所以对妹妹的要求非常多且很苛刻，孩子在家不听话她就打。妹妹在家没办法就压制自己的情绪，但到幼儿园后，她就尽情地发泄，所以才会产生这些行为。这个就是家庭原因对孩子产生的影响。个体发展的时间轴不要轻易被打乱，要不然就可能产生不利影响。时间轴发生了变化或者环境发生了变化，会对孩子产生很大的影响，这是一种个体的文化背景。

不存在一种课程能适应不同文化背景的所有儿童，任何一种课程都是在特定的文化背景下产生的。我们不能祈求学习了一种课程就能在幼儿园用，必须结合幼儿园所处的文化背景去辩证地吸收。

2. 价值取向

什么是价值？价值概念来自西方哲学，想表达的就是什么领域有价值、有什么价值，它们对谁有价值、有什么样的价值……为了更加明白教育的价值，我们必须了解比较流行的哲学思想。以下四种思想可以了解一下。

一是经验论：英国哲学家洛克提出"白板说"。他提出："人出生时心灵像白纸或白板一样，只是通过经验的途径，心灵中才有了观念，因此，经验是观念的唯一来源。"二是唯理论：德国古典哲学创始人康德开启了德国唯心主义和康德主义等诸多流派。康德哲学理论的一个基本出发点是，认为将经验转化为知识的理性（"范畴"）是人与生俱来的，没有先天的范畴，我们就无法理解世界。三是发生认识论：近代著名的瑞士儿童心理学家皮亚杰创建。他的认知发展理论摆脱了遗传和环境的争论与纠葛，旗帜鲜明地提出内因和外因相互作用的发展观，即心理发展是主体与客体相互作用的结果。四是实用主义：创建者为美国哲学家、教育家、实用主义的集大成者杜威。他把经验看作一个统一的整体，是主体与客体之间连续不断相互作用的产物。就教育本质提出了他的基本观点，"教育即生活"和"学校即社会"。

3. 目标体系

美国课程论专家舒伯特将课程目标归结为四种，即普遍性目标、行为目标、生成性目标和表现性目标。

普遍性目标是基于经验、哲学观或伦理观、意识形态或社会政治需要而引出的一般教育宗旨或原则，这些宗旨或原则直接运用于课程领域，成为课程领域一般性、规范性的指导方针。例如，我国古代经典文献《大学》提出的"格物、致知、诚意、正心、修身、齐家、治国、平天下"的教育宗旨就是典型的普遍性目标，是中国古代几千年来一以贯之的教育目标。

行为目标是以儿童具体的、可被观察的行为表述的课程目标，它指向的是实施课程以后在儿童身上所发生的行为变化。例如，幼儿学习了《孔融让梨》的故事，下次遇到有很多梨子时，他会把大的给哥哥姐姐，自己留个小的。

生成性目标是在教育过程中生成的课程目标，关注的是过程。教育是一个演进过程，课程目标反映的应是此过程的方向的性质，而不是此过程某些阶段或外部东西的性质。课程目标并不是课程开发者和教师强加于幼儿的东西，幼儿有权利通过自己的自主活动去学习他们认为值得学习的东西，在自己已有的水平上主动建构知识。例如，教师正在组织一个教学活动，突然，班级外面打雷了，幼儿们对打雷产生了兴趣，开始研究打雷现象，这个就是幼儿的生成性目标。

表现性目标是指幼儿在从事某种活动后获得的结果。它关注的是幼儿在活动中表现出来的某种程度上首创性的反应形式，而不是事先规定的结果。它为幼儿提供了活动的领域，至于结果则是开放性的。例如，教师教孩子们一个舞蹈动作——小鸟飞，张开手臂上下摆动飞翔。有个孩子说："老师，我的小鸟的翅膀是这样飞的。"他把脚上下摆动当成翅膀，这个就是他独创的一种表现性目标，教师应给予认可。

讲到课程目标，还要注意区分"三维目标"。三维目标是指教育教学过程中应该达到的三个目标维度，即知识与技能（knowledge & skills）、过程与方法（process & steps）、情感态度与价值观（emotional attitude & values）。"三维目标"是一个教学目标的三个方面，而不是三个独立的教学目标，它们是统一的不可分割的整体。

4. 课程内容

幼儿园课程内容是实现幼儿园课程目标的手段，对于教师和幼儿而言，主要解决的分别是"教什么"和"学什么"的问题。目前，关于课程内容主要有三种取向。一是课程内容即教材：知识的传递是以教材为依据的。目前许多幼儿园都使用省级教育部门统编的教材作为课程内容。二是课程内容即学习活动：强调与社会生活的联系，强调幼儿在学习中的主动性，课程编制者会设计和安排大量的活动，并让幼儿在参与活动的过程中去探索和发现。幼儿园教师结合课程和幼儿需要创新开展一些活动，引导幼儿主动学习。三是课程内容即学习经验：把课程内容看作幼儿的学习经验，认为幼儿是主动的学习者，决定学习的质和量的主要方面是幼儿而不是教材。知识是幼儿自己学会的，而不是教师教会的；课程内容应由幼儿决定，而不是由学科专家支配的。这种课程内容源于幼儿，又归还于幼儿。

教育部颁布的《幼儿园教育指导纲要（试行）》《3—6岁儿童学习与发展指南》都把幼儿的学习相对划分为健康、语言、社会、科学、艺术五大领域。当然，也可以还有其他的划分方法。不过不管是哪种划分，都必须注意幼儿学习的整体性。

5. 课程的实施体系

课程实施是实现预期教育结果的手段，它包含课程相关的人、财、物、时间、空间、信息。具体实施时，有两种思路：一种是以学科为中心的课程，另一种是以幼儿为中心的课程。以学科为中心的课程非常关注学科知识的连续性、系统性、阶段性，有明确的目标、内容。例如，数学领域，小班达到什么水平、中班达到什么水平、大班达到什么水平等。

以幼儿为中心的课程强调幼儿的兴趣和能力，一切以幼儿为中心。例如，项目教学中，教师与幼儿在选择主题的时候，会考虑选择主题的四个原则：幼儿的兴趣、教师的专长、幼儿园课程的平衡、幼儿所处的社区环境，而这些选择的前提又都是以幼儿为中心的，并且每个年龄进行选择时，都考虑到幼儿的身心特点。例如，小班幼儿都是以自我为中心的，从身心特点来说，可能选择他的家庭、他的五官、他的情感等。而到了中班，可能更多地关注人与人的交往，选择主题如社区里面的超市、蔬菜、水果可能多一点。而到大班，可能会延伸得比较多一点的是大自然，如树木、昆虫、星星、月亮等。虽然每个年龄段的课程是不一样的，但它的中心点都是围绕幼儿来实施的。

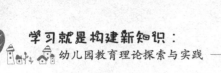

6. 课程的评价体系

美国心理学家、"现代评价理论之父"泰勒在"八年研究"期间提出了"课程评价"的概念。他认为，课程评价过程实质上是一个确定课程与教学计划实际达到教育目标的程度的过程。课程评价是对课程的价值做出判断的过程。评价课程的价值，可以诊断课程、修正课程、对各种课程的相对价值进行比较、预测教育的需求或者确定课程目标达成的程度等。课程评价的对象包括课程的计划、实施、结果等诸种课程要素。也就是说，课程评价对象的范围很广，它既包括课程计划本身，也包括参与课程实施的教师、学生、学校，还包括课程活动的结果，即学生和教师的发展。

按评价的价值取向，一般分为两种：一是形成性评价。形成性评价是一种过程评价，旨在通过对课程发展过程中所获得的材料的分析和判断，调整和改进课程方案，使正在形成的课程更为完善。二是总结性评价。总结性评价是一种结果评价，旨在对课程实施以后获得的效果进行评价，以验证课程的成功程度和推广价值。

结合幼儿园的特点，它应该采取过程性评价为主、结果性评价为辅的多元评价体系。当前在课程评价方面主要有三大课程评价工具。一是高瞻课程的《学前教育机构质量评价系统（PQA）》，分表A与表B，"表A：班级层面"侧重于考察幼儿园教师日常教学工作的质量，包括学习环境、一日常规、成人—幼儿互动、课程计划和评价；"表B：机构层面"侧重于考察整个学前教育机构的实施情况和质量，包括家长参与和家庭服务、员工资质和员工发展、机构管理。该评价系统共有63个评价项，主要通过观察真实的课堂活动和访谈教师等考察幼儿园教师日常教学工作与机构管理的质量。二是《幼儿学习环境评量表（修订版）》（ECERS-R），该量表由美国北卡罗来纳州立大学儿童发展中心的哈姆斯（Harms）教授研究团队经过几十年的积累研发而成，在美国和其他多个国家被广泛用来对幼儿园的总体质量（包括结构性质量和过程性质量）进行全面的评价。该量表包含7个子维度，即空间和设施、个人日常照料、语言—推理、活动、互动、作息结构及家长和教师。这7个子维度分别包含4～10个题项，整个量表共包括43个题项。量表采用7点评分方式。三是美国的"课堂评估评分系统"（Classroom Assessment Scoring System，CLASS），由美国弗吉尼亚大学历经15年调研开发。该系统关注师生之间的互动，通过评估师生互动质量来评价教师教学质量，从而促进学生的学业进步。CLASS系统从师生互动角度制定了"情感支持""班级管理""教学支持"三大领域观察量表，形成了一套完整的评估评分系统。

我国教育部门也非常重视教育评价，2001年教育部颁布的《幼儿园教育指导纲要（试行）》在第四部分围绕幼儿园教育评价，提出了评价的发展性、合作性、标准的多元性以及多角度、多主体、多方法、重视过程、重视差异等原则。2020年10月，中共中央、国务院印发《深化新时代教育评价改革总体方案》，强调扭转不科学的教育评价导向，坚决克服唯分数、唯升学、唯文凭、唯论文、唯帽子的顽瘴痼疾，并提出，到2035年，基本形成富有时代特征、彰显中国特色、体现世界水平的教育评价体系。

三、当前十大幼儿园课程模式

每个课程的产生都有其特定的文化背景和教育理念，同时又呈现出具体的、可操作的实施路径，最后还会展现出该课程的独特魅力。当前在我国比较流行的学前教育课程模式主要有十种，它们各有特色，熠熠生辉。受篇幅影响，我们只能简单、有重点地介绍一下各个课程模式，抛砖引玉，启发读者从课程体系的六个方面系统思考课程。

1. 瑞吉欧教育体系

瑞吉欧是意大利东北部的一座城市，自20世纪60年代以来，洛利斯·马拉古兹（Loris Malaguzzi）和当地的幼教工作者受欧美主流进步主义教育及皮亚杰和维果斯基等心理学家的建构心理学、意大利学前教育传统及第二次世界大战后左派改革政治等的影响，兴办并发展了该地的学前教育，形成了一套独特与革新的"瑞吉欧·艾米里亚教育体系"。瑞吉欧教育体系主张：视幼儿为一个自己能认识、思考、发现、发明、幻想和表达世界的幼儿，一个自我成长中作为主角的幼儿，一个富有巨大潜能的幼儿。幼儿的学习不是独立建构的，而是在诸多条件下，主要是在与家长和教师、同伴的相互作用过程中建构的；是在

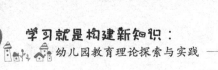

特定的文化背景中建构知识、情感和人格的。

方案活动是瑞吉欧教育体系课程的主要特征之一。瑞吉欧教育体系中的方案活动有其自身特点，主要表现为以下三个方面：①创造性表现和表达是知识建构的基本要素；②共同构建在方案活动中具有重要地位；③记录既是学习的过程，又是学习的结果。在瑞吉欧教育工作者看来，存在于个体与他人之间的关系是教育最为关注的问题，正如马拉古兹所说，应该把幼儿看作有潜力的、强大的、有能力的，最为关键的是与成人和其他幼儿相关联的人。他还说，在瑞吉欧教育实践中，关系是如此重要，所以瑞吉欧教育不讲以"幼儿为中心"。以"幼儿为中心"暗示了把幼儿看成一个能动的、与背景无关的个体。瑞吉欧把关系——幼儿之间的关系、幼儿与家长之间的关系、幼儿与教师之间的关系、幼儿与社会之间的关系看成教育系统中一切的中心，把托幼机构当作一个整体的活动机制，在这个机制中，分享成人与儿童的生活和关系。

2. 蒙台梭利教育

1907年，意大利幼儿教育学家蒙台梭利在罗马贫民区建立"儿童之家"，招收3~6岁的幼儿加以教育，她运用自己独创的方法进行教学，几年后，幼儿的心智发生了巨大的转变。蒙氏教育的原则是以幼儿为中心，尊重其人格尊严和成长过程，从促进幼儿身心发育角度去设计教学，为幼儿一生奠定智慧与品格的良好基础，培养孩子自主、持续的学习工作习惯。

在蒙台梭利教育体系中，自由、作业和秩序是蒙台梭利为幼儿营造的三根主要支柱。在蒙台梭利课程模式中，教育内容由四个方面组成，分别是日常生活练习、感官训练、肌肉训练和初步知识的学习。教师通过创设环境、提供蒙台梭利教具、对儿童进行观察和引导等方法，对儿童实施教育。

在世界教育史上，蒙台梭利是真正以优秀教师闻名的教育家之一，但同时蒙台梭利的教育体系决定了蒙台梭利教学法带有相当程度的机械的和形式化的色彩，该课程模式中教师的作用是比较被动和消极的，这不利于发挥教师的主导作用。该课程模式的结构化程度较高，因此，儿童的行为常被高结构化的活动所限制，这也不利于发挥儿童的主体作用。此外，还有人批评该课程模式偏重智力训练而忽视情感陶冶和社会化过程。

3. 华德福教育

华德福教育起源于德国，奥地利科学家、教育家鲁道夫·史代纳是华德福教育的创立者。华德福教育以自然环境和人类社会和谐发展为目标，用健康、平衡的方式，追求孩子在意志（身）、情感（心）及思考（精神）三个层面能力的全方位成长。把单一的智性知识的学习转化为富有创造性的艺术、手工、肢体律动及音乐与平衡的课程来滋养幼儿头脑、心性与四肢的均衡发展。

史代纳对人类的智慧和人的意识发展进行了深入研究，从而得出关于人的身、心、灵和精神发展的独特认识，他对人的深入研究奠定了华德福教育的理论基础。史代纳发现了人的意识是阶段性的发展，七年为一个周期。第一个成长阶段是指从出生到大约7岁换乳牙之前。这个阶段幼儿的生命组织构成力主要用于建设、健全和平衡生理身体的发展，建造灵魂在地球上的载体，在这个年龄阶段，身体成长极其迅速。

全球的华德福学校都是非营利机构，通过社会捐赠筹资和其他教育基金的注入，由老师共同管理，学校财产不属于任何一个人。学校采用非营利机构管理模式，实现以教育为核心、以人为本的管理。学校的收入除去运营成本和教职工的薪水以外，盈余不能分红，只能用于学校的再发展或奖学金；切实做到学校为公益事业，而不是为投资者谋求私人利益。

4. 多元智能教育

基于加德纳的多元智能理论，认为如果能早期发现幼儿智能的长处与不足，就能帮助幼儿适度发展或弥补。多元智能幼儿园会以非传统的学习方式，采用不同模式的多元课程和不同的途径，让幼儿学习和理解各类学科、生活技能，并且鼓励幼儿将这些知识应用于生活问题和社会适应，同时鼓励幼儿发挥其独特智能，或把不同智能组合，发挥更大的潜能。

"光谱方案"是由哈佛大学的加德纳教授（Howard Gardner）和塔伏茨大学的费尔德曼教授（Kavid Henry Feldman）率领哈佛大学0岁方案和塔伏茨大学的合作研究小组合作完成的，是一项持续了10年的研究（1984—1993）。其基本假设是：每一个幼儿所展现的能力强弱的搭配不尽相同，且各具特色。如同智慧的光谱，智慧的力量并不是固定的，通过教育创造发展的机会和一个充满激励材料与活动的环境，可以增强它的力量。"光谱方案"反映的幼儿发展观启发我们：教育不应仅仅看到智障幼儿的弱项，而应积极地挖掘他们的优势及潜能。

5. 项目教学

项目教学法萌芽于欧洲的劳动教育思想，最早的雏形是18世纪欧洲的工读教育和19世纪美国的合作教育，发展到20世纪中后期逐渐趋于完善，并成为一种重要的理论思潮。"项目教学"一词在教育领域内的正式应用最初出现在美国，美国教育家克伯屈于1918年首次提出了"项目教学"的概念，引起了教育界的关注和兴趣。20世纪90年代以来，世界各国的课程改革都把学习方式的转变视为重要内容。欧美诸国纷纷倡导"主题探究"与"设计学习"活动。

项目教学法就是在教师的指导下，将一个相对独立的项目（主题）交由学生自己处理，信息的收集、方案的设计、项目的实施及最终评价都由学生自己负责，学生通过该项目的进行，了解并把握整个过程及每一个环节的基本要求。项目教学一般分为三个阶段开展，第一阶段：确定主题，制定网络图，提出问题；第二阶段：实地参访，研究问题，解决问题；第三阶段：总结经验，评估目标，分享成果。项目教学法是师生共同完成项目，共同取得进步的教学方法。在职业教育、中小学教育中，项目教学法有其独特优势，可以大力试用推广，幼儿园近几年开始尝试项目教学研究。

6. 高瞻课程

佩里计划是美国戴维·维卡特组织的实验研究项目，实验地点在密歇根州伊皮西兰特，该计划始于1962年。作为佩里学前教育研究计划的成果之一——High Scope（高瞻）学前教育课程，通过半世纪的理论与实践相结合的科学研究，已成为当今世界学前教育领域举足轻重的课程模式之一，既有严谨的科研基础和理论体系，又有非常好的实操性。High Scope教育研究基金会成立于20世纪70年代早期，它是一个独立的非营利组织。它的宗旨是促进全世界儿童和青年的发展，对帮助儿童学习的教师和家长给予支持。该基金会一直致力于发展和推广高瞻课程。

高瞻课程的理论基础主要是皮亚杰的认知理论，把幼儿视为主动学习者，让幼儿建构自己的知识世界，学习不仅是成人向幼儿传授知识的过程，而且是幼儿主动参与学习的过程。高瞻课程是以"主动学习"为核心，通过稳定而又灵活的一日常规、精心设计的学习环境、有效的师幼互动、客观全面的幼儿趣事记录、专业系统的幼儿评估量表（COR）、全面有效的课程评估量表（PQA）、教师每日进行团队计划等，最终实现幼儿八大领域五十八条关键发展指标的全面发展的一套完善的课程体系。

7. 森林幼儿园

森林幼儿园起源于20世纪50年代丹麦的一位妈妈带着自己和邻居的幼儿在森林里养育成长。在自然中进行幼儿教育和养育之风迅速吹遍了整个斯堪的纳维亚半岛，继而扩展到德国。如今，在美国、日本等国家都活跃着数以千计的森林幼儿园和自然学校。

自然教育就是关于认识自然世界的教育，通过专业途径传授动植物知识的过程，启发参与者对自然环境的思考。但自然教育并不是简单地传授自然知识，体验才是重点。在自然教育中，参与者通过聆听、触摸、眼观、描述等方式认识大自然中的植物、鸟类、昆虫等，这需要森林公园规划设计相关体验游戏。

8. 安吉游戏

"安吉游戏"是安吉幼儿园游戏教育的简称。它是安吉游戏创始人程学琴女士，自2000年基于安吉县的教育生态，改革探索出的一种以游戏教育为主要形式的全新学前教育实践。

安吉游戏是以"让游戏点亮儿童的生命"为信念的一场游戏革命。它把游戏的自主权还给幼儿，让幼儿在自主、自由的真游戏中获得经验，形成想法，表达见解，完善规划，不断挑战，从而发挥自身最大的潜能。国家基础教育课程改革专家组成员、儿童心理发展与教育专家、华东师范大学教授李季湄指出："安吉幼教成了中国幼教改革的一面旗帜。"安吉游戏所代表的"以游戏为基本活动"的方向乃是中国幼教改革与发展的方向。

9. IB课程

IB即国际文凭组织IBO（International Baccalaureate Organisation），是一个非

营利性的教育基金会，成立于1968年，总部设在日内瓦，为全球学生开设从幼儿园到大学预科的课程，为3～19岁的学生提供智力、情感、个人发展、社会技能等方面的教育，使其获得学习、工作及生存于世的各项能力。

PYP是英文primary years program的缩写，意思是"小学项目"，简称PYP。它是国际文凭组织为3～12岁的幼儿和小学生设计的学习项目。PYP的教育理念可以简述为"education for life"，即"教育为一生"。它以学生的全面发展为教育核心，要求他们在课堂内外做一个追求未知的探究者，为他们成为终身学习旅途中的积极参与者奠定坚实的基础。

PYP国际课程包括五个发展要素、六组学科和六项跨学科主题活动。它强调学科交叉和主题渗透。五个发展要素包括：知识（knowledge）、概念（concepts）、态度（attitudes）、技能（skills）、行动（action）。六组学科包括：语言（language）、数学（mathematics）、社会（social studies）、科学与技术（science and technology）、艺术（arts）、个人/交往/体育（personal, social and physical education）。六项跨学科主题活动包括：自我认识（who we are）、自我表述（how we express ourselves）、自我管理（how we organize ourselves）、生活时空（where we are in place and time）、世界运转（how the world works）、共享地球（sharing the planet）。

10. 单元主题课程

教师将教学工作分成几个单元，每个单元有一个或几个主题，一个单元通常需要几周时间来完成，然后进入其他单元的内容。单元主题教学可以运用于不同的课程模式之中，如发展课程及某些综合课程即采用此种教学方法。现在全国用得比较多的就是单元主题课程，按主题线编排课程。围绕一个主题把五大领域学习内容渗透到每个月里，每个月再分配到每周，最后每周再落实到每一天。

为了便于理解各个课程的特色，我们制作了一张幼儿园课程"钟摆图"，如下图所示。

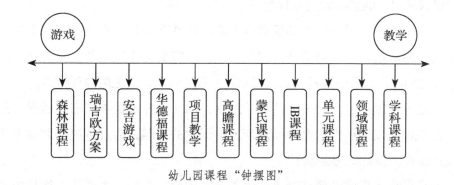

幼儿园课程"钟摆图"

上图中，左边是以幼儿"学"为主的游戏，右边是以教师"教"为主的教学，整个课程体系由这两个部分组成。我们把十大课程模式放在这条线上面，靠左边的是森林课程、瑞吉欧方案、安吉游戏、华德福课程，这些课程的游戏在整个课程中的占比较大。而靠右的是学科课程、领域课程、单元课程、IB课程、蒙氏课程，这些课程的教学在整个课程中的占比较大。中间主要是高瞻课程、项目教学，这些课程中教学与游戏比较均衡。当然，这只是一个相对值，具体在幼儿园实践时可能会有所变化。其实不管是哪一种课程模式，它都要处理好"教学"和"游戏"的关系、两者比例问题，所以我们在进行课程学习、课程实践、课程创新的时候一定要仔细思考这个度。课程建设的最终目的，可能就是要找到教学与游戏在整个课程体系中的占比。

四、幼儿园课程建设的几种策略

幼儿园课程体系建设是一个复杂的过程，但也会有一定的路径。首先要有一个核心的课程理念，这个课程理念与整个园所的办园理念是一致的。办园理念是幼儿园的灵魂，有了办园理念才会延伸出培养目标，再由培养目标拓展出课程理念。只有在课程理念引领下，课程建设才可能经历学习借鉴、实践探索、整合创新三个阶段。

关于课程体系建设，我们这里有几个小策略。

一是课程体系建设是一个包括文化背景、价值取向、目标体系、内容体系、实施体系和评价体系的整体系统。它们是一个整体，合力大于单独发力。

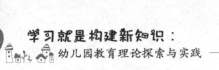

在建设课程时，我们必须有系统思维。

二是借鉴外国课程体系必须充分考虑本地社会文化，在文化背景下建立适应本地区的课程体系。借鉴外国课程模式，一定要考虑当地的文化背景，没有一个放之四海而皆准的课程模式，必须建立起适宜本地文化的课程体系。

三是课程体系建设是一个动态的过程，幼儿园要根据本园实际情况不断调整。在课程建设过程中，要善于发现现有课程的问题，通过解决问题的方式不断改进课程，提升课程品质。

四是课程体系建设要充分考虑生态系统理论，关注各大系统在构建中的作用。生态系统理论的五大系统，有着不同的作用。我们在做课程建设时，应当考虑实际情况，有选择地进行课程建设。

五是课程体系建设应该兼容并包，不应该非此即彼。在做课程建设时，社会上总会出现一些新的课程理念。作为专业幼儿园教师，我们应该在核心教育理念指导下，辩证地吸收，仔细思考新的东西适不适合在本园开展？能不能做些结合？需要如何结合？……

六是课程建设必须坚持不懈地做下去，要有"工匠精神"。课程建设不是一蹴而就的。作为专业幼儿园教师，应该耐得住寂寞。做一名"工匠"，专注、专心，认真做课程建设，不要人云亦云，应该坚持不懈，相信总有一天会成功的。

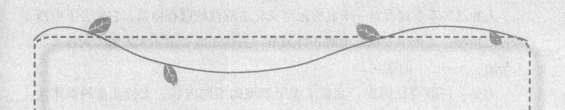

主动与关系，
建立人物己关系学课程体系

　　教育的本质是关系，如何打造这种关系？我们提出了人物己关系学，主张以人物己关系学课程体系为桥梁来实现。我们从课程的文化背景、价值取向、目标体系、内容体系、实施体系和评价体系六大组成部分系统地阐述了人物己关系学课程体系。

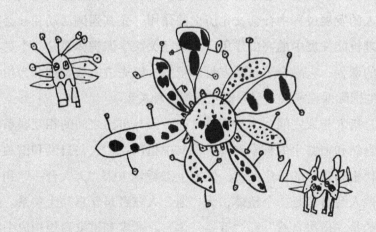

人物己关系学课程是一个具有浓厚文化适应性的课程体系，它融合了中西教育之精髓，主张学习就是理解各种关系，关注儿童身边三大关系（人与人、人与物、人与己）的建立。

它是一门综合性课程，涵盖了多个领域的不同内容，支持儿童的整体性学习与发展。它由课程的文化背景、价值取向、目标体系、内容体系、实施体系、评价体系六大部分组成，以皮亚杰的建构主义理论、维果斯基的最近发展区理论、布朗芬布伦纳的生态系统理论、马斯洛的需求层次理论、中华优秀传统文化中的哲学思想为基础，融合瑞吉欧方案、项目教学、高瞻课程、森林教育四大课程模式。它重视儿童的关系学习，每一天儿童在区域活动、小组活动、大组活动中通过操作材料与其周围的人员、事物、思想建立起稳定的、积极的互动关系，进而亲近自然、走近社会、了解自我。

一、文化背景

任何课程的产生都源于当地的文化。不存在一种最好的能适应不同社会文化背景下所有幼儿的教育方案，而各种不同教育方案能很好地适应不同社会文化背景下的幼儿。苏联心理学家、"文化—历史"发展理论创始人维果斯基特别强调在人的发展过程中社会文化历史的作用，尤其强调活动和社会交往在人的高级心理机能发展中的突出作用。人物己关系学课程体系是一个具有中国文化适宜性的课程，它融合了东西方哲学智慧，以先进的教育理念为指导，借助当前流行的国际课程模式，引导幼儿理解各种关系。

关系是指人与人之间、人与事物之间、人与自己之间的相互联系。解保军在《人与自然和谐共生的哲学阐释》一文中指出："人与自然和谐关系"理念有中国古代生态哲学的思想渊源。儒家生态哲学主张"天人合一"和"生生不息"，强调人与自然是一个整体，天、地、人三者是互惠共生关系。道家生态哲学追求的是"道法自然"和"万物一体"。儒家和道家思想构成中国古代生态哲学的重要内容。儒家以"人"为本位，强调关爱自然、体恤自然；道家以"自然"为本位，主张顺应自然、自然而然。这些思想的实质都是努力追求人与自然关系和谐。人物己关系学课程体系不仅关注人、自然，还关注自己，追求人、物、己的全面持续发展。

人物己关系学课程体系具有深厚的理论基础。建构主义的最早提出者可追溯至皮亚杰。他认为，随着环境和幼儿自身的变化，幼儿的认知结构与功能必然不断变化，以适应变化的条件，从而逐步建构起幼儿对于世界的知识。这里需要进一步澄清的是，建构主义哲学思想对学习环境的要求除了硬件，还有软件，即教学模式的要求。人物己关系学课程体系采纳了建构主义成熟的支架式教学方法（scaffolding instruction，本书中称"鹰架"），支架原本指建筑行业中使用的脚手架，在这里用来形象地描述一种教学方式：幼儿被看作一座建筑，幼儿的"学"是在不断地、积极地建构自身的过程；而教师的"教"则是一个必要的脚手架，支持幼儿不断地建构自己，不断创造新的能力。支架式教学是以苏联著名心理学家维果斯基的最近发展区理论为依据的。维果斯基关注幼儿发展的潜能，他认为，在测定儿童智力发展时，应至少确定儿童的两种发展水平：一是儿童现有的发展水平，二是儿童潜在的发展水平，这两种水平之间的区域称为"最近发展区"。而幼儿的发展主要是通过与成人或更有经验的同伴的社会交往而获得的。那么教师作为幼儿发展中的重要成人，其教学中的支架应从儿童潜在的发展水平开始，根据儿童的最近发展区来建立，通过支架作用不停地将儿童的智力从一个水平引导到另一个更高的水平。

另外，美国心理学家亚伯拉罕·马斯洛把人的需求分成生理需求（physiological needs）、安全需求（safety needs）、爱和归属感（love and belonging）、尊重（esteem）和自我实现（self-actualization）五类，依次由较低层次到较高层次排列。在自我实现需求之后，还有自我超越需求（self-transcendence needs），但通常不作为马斯洛需求层次理论中必要的层次，大多数会将自我超越合并至自我实现需求当中。通俗理解是：假如一个人同时缺乏食物、安全、爱和尊重，通常对食物的需求量是最强烈的，其他需求则显得不那么重要。此时人的意识几乎全被饥饿所占据，所有能量都被用来获取食物。在这种极端情况下，人生的全部意义就是吃，其他什么都不再重要。只有当人从生理需求的控制下解脱出来时，才可能出现更高级、社会化程度更高的需要，如安全需求。人物己关系学课程关注儿童内在的不同需要，特别是安全

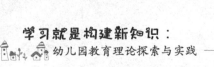
感的建立和良好师幼关系的搭建。同时，本课程也非常重视儿童学习的内驱力和主动性，主张让儿童通过不断的探究，满足自己的需要，提升对自己的认识。

美国著名心理学家布朗芬布伦纳提出了生态系统理论，他认为，自然环境是人类发展的主要影响源，环境（或自然生态）是"一组嵌套结构，每一个嵌套在下一个中，就像俄罗斯套娃一样"。换句话说，发展的个体处在从直接环境（像家庭）到间接环境（像宽泛的文化）的几个环境系统的中间或嵌套于其中，提出了著名的生态系统理论，包括微系统、内部系统、外部系统、宏观系统。每一个系统都与其他系统及个体交互作用，影响着发展的许多重要方面。人物己关系学课程重视儿童外在的学习环境的创设，主张为儿童学习创设丰富多彩、真实多样的学习环境，让儿童在属于自己的文化背景下健康成长。

梁漱溟在其巨著《人心与人生》中讲道："从人生态度这个角度研究西方文化、中国文化和印度文化各自的特点，提出'人对自然''人对人'和'人对自己的生命'三个概念。一辈子首先要解决人和物的关系，再解决人与人的关系，最后解决人和自己内心的关系。"梁漱溟的哲学思想都是以"人"的问题为中心，这也是关于"文化与人生"的学问。他所主张的人生态度将有助于提高人类的精神境界。人物己关系学课程体系关注儿童的终身发展，主张引导儿童从小关注人与物、人与人、人与己三大关系。

另外，作为专业的课程体系，人物己关系学课程体系紧密围绕课程产生的文化背景和教育理念，在充分汲取瑞吉欧方案、项目教学、高瞻课程、森林教育四大课程模式的优势基础之上，创造性地打造具有本地文化特色的适宜性课程体系，关注儿童的游戏和生活经验，重视儿童的学习特点，引导儿童从身边的人、事、物的关系中成长，帮助儿童正确理解三大关系，为其终身发展奠定基石。

在现实的教育教学过程中，我们综合当前各种教育教学理论与一线实践，从幼儿的主动性与外在的影响力两个维度、两种变量思考人物己关系学中的各类关系，使用人物己关系学中的"SADU人物己关系模型"，把师幼关系划分为四类关系：无关关系、强压关系、对抗关系、共生关系。

二、价值取向

价值取向（value orientation）是价值哲学的重要范畴，它是主体基于自己的价值观在面对各种矛盾、冲突、关系时所持的基本价值立场、价值态度以及所表现出来的基本价值取向。幼儿园课程的价值取向指课程制定者对儿童发展所持有的一种价值倾向性。朱家雄在《幼儿园课程》一书中指出："课程的价值问题是课程的核心问题。"课程的价值取向决定了课程中的各种成分及它们之间的各种关系。各种课程之间的差异主要反映其所依据的教育哲学和所确定的教育目标上的不同，表现为相对强调课程价值取向中的某一方面。西方课程价值理论主要讨论以下一些问题：①哪些学习领域最有价值或较有价值？②这些学习领域有什么价值？③它们对谁有价值？④它们为什么有价值？人物己关系学课程体系关注幼儿的整体性发展，除了健康、语言、社会、科学、艺术五大领域之外，还特别重视学习品质的培养以及这六大学习领域之间的关系。

同时，作为幼儿园课程的基础之一，哲学为课程提供了有关知识的来源、知识的性质、知识的类别、认识过程及知识的价值取向等方面的理性认识。就学科而言，心理学和社会学都是从哲学分化而来的，而且每一种心理学或社会学思想的背后都有哲学假设为其支撑点。哲学的基础性和终极性，使其对幼儿园课程的影响也许不会像心理学和社会学那么直接，或者使其对幼儿园课程的影响通过心理学或社会学而得以产生。

人物己关系学课程体系有着深厚的哲学、心理学、教育学基础，它从儿童出发，以"唤醒生命的美好关系"为核心理念，主张让儿童通过关系学习获取积极、稳定的关系。每一个生命都是一粒神奇的种子，蕴藏着不为人知的神秘。幼儿天生具有巨大的学习潜能，教育的使命不是教授知识和能力，而是唤醒幼儿已有的生命力，保护原有的生命力不受到压制、破坏，让生命的美好关系得到绽放。正如德国哲学家雅斯贝尔斯曾说："教育是人们灵魂的教育，而非理智知识和认识的堆积。教育的本质意味着：一棵树摇动另一棵树，一朵云推动另一朵云，一个灵魂唤醒另一个灵魂。"

美国佩里计划创始人、著名心理学家戴维·维卡特讲道："主动性学习是儿童通过物体操作并与人、思想、事件互动而构建新理解的学习。"没有人可以替代儿童进行学习，儿童必须亲身体验。皮亚杰认为，要让儿童主动自发地学习，就要让儿童通过实际活动（主动动作）、操作物体来学习。主动过程有两层含义：一是幼儿直接作用于环境，二是幼儿在心理上是主动的。

本课程体系中的关系学习是指幼儿通过观察、模仿、操作、研究等多种交互行为与各种事物、人、思想建立起稳定的积极联系，进而走入社会、亲近自然、了解自我。这种关系学习必须是幼儿亲自体验的，必须是持续进行的，为此，我们建立了"关系学习三要素"模型。

"关系学习三要素"模型

这种学习包含三大要素：外在影响——新奇事物、不同的人、真实材料、开放式问题、新的想法等；交互行为——探究材料、咨询专家、选择玩法、模仿动作、语言或非语言沟通等；鹰架支持——专业的人支持幼儿当前的思维水平并挑战它们，使其进入新的发展阶段。

三、目标体系

课程目标一般指课程本身要实现的具体目标和意图。它规定了某一教育阶段的学生通过课程学习以后，在德、智、体、美、劳方面期望实现的程度，它是确定课程内容、教学目标和教学方法的基础。课程目标一般分为四种，即普遍性目标、行为目标、生成性目标和表现性目标，幼儿园课程设计目标时应多方面兼顾，但以生成性目标为主，其他目标为辅。人物己关系学课程体系秉持"唤醒生命的美好关系"教育理念，制定了三大育人目标：身心健康、主动探究、多元发展。三者紧密相连，息息相关，共同描绘出人物己关系学课程体系中幼儿的理想状态。

身心健康无疑是幼儿发展的根本。幼儿期幼儿身体、心理都处于迅速发展期，并且这个时期非常不稳定，但这个时期的发展状态又直接影响着幼儿成人后的身心状态。人物己关系学课程体系把幼儿身心健康放在首位，主张的身心健康指的是幼儿身体、心理及对社会适应的良好状态。同时，人物己关系学课程孕育着主动探究的幼儿。它非常关注幼儿的学习规律，遵循幼儿的身心发展规律，幼儿天性好奇、好动、好玩，喜欢探究，我们主张创设丰富、真实的环境让幼儿进行主动的探究。另外，人物己关系学课程还开启了幼儿的多元发展。现在的社会已经是一个开放多元的社会，教育必须面对现在、面向未来。来自不同地区、不同国家的幼儿，在人物己关系学课程中都可以在友好、和善的氛围中，发展自我意识与多元化的群体意识，从而拓展想象空间，共同发展。

与这三大育人目标相对应的是幼儿的六大特质，身心健康对应自信、友善，主动探究对应好奇、审辨，多元发展对应沟通、合作。

1. 自信

自信是个人对自我能力的感觉和判断，是一种真正的人对自己的感觉，关键在于"能力的经验"。幼儿期的自我意识处于从生理的自我向社会的自我过渡时期。原来一切以生理需要为基础，随着幼儿的身心发展，逐步扩展到对自我的意识，如个人的社会地位、自己的主张以及对他人的责任、义务等。人物己关系学课程体系引导幼儿正确认识自己，了解自己的能力，不断增强自我效能，微笑面对生活。

2. 友善

友善是一种美好的品格，反映了个体与人为善的人生状态。通过建立亲善关系，可以创造一种相互信任、相互满意、相互合作和相互敞开心扉的人际互动关系。发展友善的过程，是让儿童变得更有同情心、更了解自我和他人的过程。人物己关系学课程体系认可儿童的情绪，关注儿童与教师、家长、同伴及他人关系的建立，帮助他们树立"人之初，性本善"的信念，与人为善，修炼善意。

3. 好奇

幼儿天性好奇，好奇是幼儿重要的学习方式。好奇心是个体遇到新奇事物或处在新的外界条件下时产生的注意、操作、提问的心理倾向。对于幼儿来说，一旦面临新奇的、神秘的、自相矛盾的事物，就会产生三种形式的探究行为：感官探究、动作探究、言语探究。人物己关系学课程体系创设满足幼儿好奇心的环境条件，把幼儿的好奇心引向强烈的智力活动。这些探究行为如果能够得到不断的强化与满足，还会逐步内化为个体良好的心理品质。

4. 审辨

审辨简单解释为审慎辨别并表达出来，其目的在于培养具有审辨式思维能力的人。所谓"审辨式思维能力"，就是《礼记·中庸》中所说的为学应"博学之，审问之，慎思之，明辨之，笃行之"中的"审问""慎思""明辨"。审辨式思维能力指辨明事情是否合乎常情常理，是否理智、审慎、合宜，并在此基础上对具体事情做出正确的判断和选择。人物己关系学课程体系注重儿童的问题意识，让儿童结合自己的经验不断发现问题、研究问题、解决问题，在审辨中提升思维能力。

5. 沟通

沟通是人与人之间、人与群体之间思想与感情的传递和反馈的过程，沟通的目的就是追求思想达成一致和感情的通畅。沟通是一个过程，这种过程不仅包含口头语言和书面语言，也包含形体语言、个人的习气和方式、物质环境——赋予信息含义的任何东西。人物己关系学课程体系非常注重儿童的沟通，主张提供多种沟通方式，引导儿童通过沟通，与人、物和自己建立起联系，没有沟通就无法建立起联系。

6. 合作

合作是指个体为了实现共同目标而自愿地结合在一起，通过相互之间的配合和协调而实现共同目标，最终个人利益也获得满足的一种社会交往活动。这种交往活动，一方面个体经验得到认可，另一方面多元信息得到互换。人物己关系学课程体系中的儿童合作，不仅包含个人信息的分享，更多地在于共同经验的建立。儿童通过操作材料与他人建立起联系，享受合作带来的快乐，体验合作的价值，感受合作的幸福，这为其终身发展奠定了成长的基石。

四、内容体系

幼儿园课程内容必须与课程目标相对应，课程内容的选择主要有三个方面：一是课程内容即教材。选择幼儿园课程内容时必然会注意内容的基础性。二是课程内容即学习活动。注重使课程内容贴近社会生活，以有利于儿童接触社会、了解社会，并初步学习一些与自身社会生活相贴近的知识和技能。三是课程内容即学习经验。注重课程内容与儿童发展特征相符合，使课程内容能够通过儿童与环境之间有意义的交互作用而被儿童同化。人物己关系学课程体系内容覆盖了六大学习领域：学习品质、健康、语言、社会、科学、艺术。学习领域的划分并不是鼓励分科教学，也不是为小学分科教学做准备，而是让教师在规划和审视课程内容时方便参照，确保全面而均衡地实施课程。人物己关系学课程体系是综合性课程，涵盖了多个不同领域的内容，支持幼儿得以全人、全面、弹性化、多元化发展。

1. 学习品质

学习品质（approaches to / toward learning）是影响幼儿进行自我学习和入学准备的关键因素，它指个体在学习行为与态度中表现出的相对稳定的学习倾向、学习风格等，它不指向具体的知识、能力、技能、情绪情感，而指向儿童如何获得和运用这些知识技能，并在学习过程中起着动力调控的作用。《3—6岁儿童学习与发展指南》指出："它是幼儿在活动过程中表现出的积极态度和良好行为倾向。"幼儿园要充分尊重和保护幼儿的好奇心与学习兴趣，帮助幼儿逐步养成积极主动、认真专注、不怕困难、敢于探究和尝试、乐于想象和创造等良好的学习品质。在儿童的学习与发展中，并不存在一个单独的学习品质领域，学习品质渗透于健康、语言、社会、科学、艺术等领域的学习与发展之中。或者说，五大领域交叉的部分就是儿童的学习品质。它主要包含好奇心与学习兴

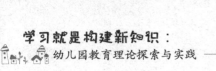

趣、主动性、坚持与专注、想象与创造、解释与反思五个方面。

人物己关系学课程体系把幼儿的学习品质放在学习内容的首位，表明该课程高度重视幼儿学习习惯的培养。新时代，面对不断变化的外在世界和未来社会对人才的需要，幼小衔接问题再次引起人们的高度重视，如何才能真正做到幼小衔接，人物己关系学课程体系学习品质的培养给予了良好的启示。

2. 健康

健康是什么？什么样的儿童才是健康的？如何做到健康？《3—6岁儿童学习与发展指南》指出："健康是指人在身体、心理和社会适应方面的良好状态。"幼儿阶段是幼儿身体发育和机能发展极为迅速的时期，也是形成安全感和乐观态度的重要阶段。发育良好的身体、愉快的情绪、强健的体质、协调的动作、良好的生活习惯和基本生活能力是幼儿身心健康的重要标志，也是其他领域学习与发展的基础。

人物己关系学课程认为：身心共同发展的儿童才是真正的健康。健康领域包括身心状况、动作发展、生活习惯和生活能力三个方面的内容。幼儿园一方面要为幼儿身心健康发展提供合理均衡的营养、保证充足的睡眠、适宜的身体锻炼、温馨的人际环境等。另一方面不宜过度保护和包办代替幼儿，以免剥夺幼儿自主学习的机会，应该提供充分的选择机会帮助幼儿养成良好的生活与卫生习惯，提高自我保护能力，形成使其终身受益的生活能力和生活方式。

3. 语言

幼儿期是儿童语言发展的关键期，语言的发展与其思维的发展紧密相关。人物己关系学课程体系的语言包含倾听、表达、前阅读和前书写四个方面，同时，由于儿童语言发展的整合性，我们进行的语言课程体系应该是一种全语言式的教育。

幼儿用肢体语言、口头语言和书面语言进行交流，是我们人类的重要特征。语言是交流和思维的工具。幼儿语言的发展贯穿各个领域，也对其他领域的学习与发展有着重要的影响：幼儿在运用语言进行交流的同时，也在发展人际交往能力、理解他人和判断交往情境的能力、组织自己思想的能力。通过语言获取信息，幼儿的学习逐步超越个体的直接感知。人物己关系学课程体系主张为幼儿提供多样的语言环境，引导幼儿在使用语言的过程中掌握语言，在感受语言的过程中体悟语言背后的文化价值。

4. 社会

人具有社会性，幼儿期是儿童社会性养成的重要时期。人物己关系学课程所讲的社会领域包含社会情感和社会文化两个方面的内容。幼儿正是在其独特的社会中进行学习与发展的，没有社会关系、社会文化，就不能真正称得上是一个社会人。

人物己关系学课程关注幼儿所处的家庭、幼儿园和社会，为幼儿创设温暖、关爱、平等的家庭和集体生活氛围，建立良好的亲子关系、师生关系和同伴关系，让幼儿在积极健康的人际关系中获得安全感和信任感，发展自信和自尊，在良好的社会环境及文化熏陶中学会遵守规则，形成基本的认同感和归属感。同时，幼儿的社会性主要是在日常生活和游戏中通过观察与模仿潜移默化地发展起来的。成人应注意自己言行的榜样作用，避免简单生硬的说教。

5. 科学

幼儿的科学不同于成人的科学，它的追求重在探究具体事物和解决实际问题，尝试发现事物间的异同和联系的过程，并不是重在得到一个科学的成果。幼儿科学学习的核心是激发探究兴趣，体验探究过程，发展初步的探究能力。幼儿在对自然事物的探究和运用数学解决实际生活问题的过程中，不仅获得丰富的感性经验，充分发展形象思维，而且初步尝试归类、排序、判断、推理，逐步发展逻辑思维能力，为其他领域的深入学习奠定基础。这个整合式的学习特点，与人物己关系学课程体系所提倡的STEM精神是一致的，引导幼儿在主动学习中探究万物。同时，我们在开展科学活动时，应理解幼儿的学习方式和特点。幼儿的学习是以直接经验为基础，在游戏和日常生活中进行的。应注重引导幼儿通过直接感知、亲身体验和实际操作进行科学学习，不应为了追求知识与技能的掌握而对幼儿进行灌输及强化训练。

另外，人物己关系学课程体系的科学领域包含科学探究和数学认知两大内容。科学探究主要是引导幼儿怀着好奇心在接触自然、生活事物和现象中积累有益的直接经验与感性认识，培养初步的探究能力。数学认知重在引导幼儿初步感知生活中数学的有用和有趣，主要包括数的概念与运算、集合与模式、图形与空间、比较与测量四个方面的内容。

6. 艺术

艺术是没有国界的，同样也是不分成人与儿童的。艺术是人类感受美、表现美和创造美的重要形式，也是表达自己对周围世界的认识和情绪态度的独特方式。幼儿艺术领域学习的关键在于充分创造条件和机会，在大自然和社会文化生活中使幼儿萌发对美的感受与体验，丰富其想象力和创造力，引导幼儿学会用心灵去感受和发现美，用自己的方式去表现和创造美。

幼儿对艺术有其独特的认识。人物己关系学课程体系非常关注幼儿的艺术领域，主要包括感受与欣赏、表现与创造两个方面的内容，具体表现形式有歌曲、律动、舞蹈、绘画、手工、戏剧等。成人应该理解儿童，从儿童视角思考幼儿的艺术，不能用自己的审美标准去评判幼儿，更不能为追求结果的"完美"而对幼儿进行千篇一律的训练，以免扼杀其想象与创造的萌芽。

五、实施体系

课程实施有两种倾向：一种是学科中心课程，它强调按知识内在性质及其内在结构组织课程内容；另一种是儿童中心课程，它强调根据儿童的兴趣、需要和能力组织课程内容。人物己关系学课程体系强调：幼儿是课程的主人，课程为幼儿的发展服务。课程实施体系需要发挥幼儿的主体意识，提高幼儿在课程实施过程中的参与性。根据皮亚杰的建构主义理论，2~6岁的幼儿思维处于前运算阶段，儿童将感知动作内化为表象，建立符号功能，可凭借心理符号（主要是表象）进行思维，从而使思维有质的飞跃。低年龄段幼儿表现出自我中心主义，口头语言快速发展，喜欢独自游戏或平行游戏，动作发展快，认为万物有灵，利用身体探索世界，情绪作用大，爱好模仿，开始使用工具等发展特征。高年龄段幼儿更活泼好动，喜欢结伴游戏或者联合游戏，思维具体形象，抽象思维初步发展，开始接受任务，好问、好学，开始掌握认知方法，个性初具雏形等发展特征。

人物己关系学课程理解幼儿的学习方式和特点，是以直接经验为基础，在游戏和日常生活中进行的。同时根据不同年龄段儿童的发展特点，综合预设课程和生成课程的关系，在低年龄段实施以区域活动为主的教育形式，在高年龄段实施以项目教学为主的教育形式，以真实材料为媒介引导幼儿主动学习，关注幼儿的一日生活，把幼儿的一日生活划分为四大组成部分：生活、运动、游戏和学习以及十个生活环节：欢迎时间、计划时间、实施时间、整理时间、回顾时间、小组时间、大组时间、户外时间、餐点时间和过渡时间。

人物己关系学课程主张：在一日生活中，幼儿通过操作材料在区域活动、小组活动、大组活动中与人、物、己建立起稳定的、积极的关系。

（一）材料

幼儿的学习特点是以直接经验为基础，教师应该最大限度地支持与满足幼儿通过直接感知、实际操作和亲身体验获取经验的需要，而这些前提的实现是教师必须提供材料。在人物己关系学课程体系中，提供的材料必须遵循以下几个原则。

1. 提供开放的区域材料

区域是儿童自主学习的地方，这个地方提供的材料应该能让儿童不断探索、获得经验。提供的区域材料应该是低结构的，应该是真实的，来自儿童日常生活的，应该是可以进行不断重组的。而许多老师购买的教具玩具、制作的教具玩具普遍存在教育功能单一的情况，不利于儿童进行材料的再建构。

2. 准备充分的区域材料

一个班级有许多儿童，儿童在区域活动时有可能都比较喜爱某类材料。幼儿园教师要有预见性，应该提供不同类型的区域材料，同一类型的材料也应该尽量多一些，让儿童有更多的选择机会，这样，儿童在区域活动中的主动性就会不断被激发。

3. 提供安全、卫生的区域材料

幼儿园教师收集来的区域材料，有许多是儿童日常生活中常见的材料，如妈妈用过的背包、旧的吹风机、用过的厨房用具等，这些真实的材料有的可能存在潜在的危险，幼儿园教师必须保证这些材料是安全、卫生的，有电线的家具要剪掉电线，包包、衣服、鞋子要消毒，厨房用具要清理干净等，这样才能

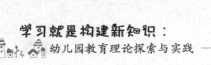

真正保护儿童的安全。

（二）区域活动

区域活动是幼儿一种重要的自主活动形式，是指在一定的时间内，幼儿根据自己的兴趣和意愿选择活动内容与形式。它是以快乐和满足为目的，以操作、摆弄为途径的自主性学习活动。它是幼儿主动地寻求解决问题的一种独特方式，其活动动机由内部动机支配而非来自外部命令，表现为"我要游戏"，而不是"要我玩"，自主性是幼儿游戏活动的内在特征。区域活动充分体现了幼儿身心发展的特点，可满足幼儿活动和游戏的需要，更好地促进幼儿自然、自由、快乐、健康地成长，实现"玩中学""做中学"。

人物己关系学课程中每个班级都设有区域，低年龄段结合儿童经验设有娃娃家、积木区、美工区、读书区、玩具区五个基本区域，高年龄段结合项目教学的需要也开设以上五个基本区域，但是这些区域带有一定的主题性，同时也可以根据儿童、教师、课程目标、社区文化的特别需要增设一些其他区域。

（三）小组活动

为了发展幼儿某一种或更多的特定的学习经验，教师根据幼儿的兴趣、需要、能力以及不同幼儿的想法和个别差异设计小组活动。幼儿与教师一起操作材料、分析问题、研究问题、解决问题。幼儿通过操作材料获得经验。幼儿按照自己的节奏、自己的学习方式与兴趣探究材料。

在人物己关系学课程中，不同年龄段的小组活动是不一样的。低年龄段的小组活动是教师提前预设好的，一般班级根据教师的人数分为若干组。而高年龄段的小组活动是幼儿根据学习兴趣进行的自我分组，他们是一个学习小组，一个班级可以划分为若干个学习小组。

（四）大组活动

大组时间是全班幼儿在一起的活动，与小组活动一样也是教师提前预设的活动。在大组活动中，教师与幼儿围绕一定的主题，一起进行唱歌、跳舞、故事演绎等活动。在活动中，低年龄段的幼儿关注比较多的是社会交往，高年龄段的幼儿侧重于同伴的认可和自我的控制感。幼儿建立了团体意识，学习交流和表达自己的思想，尝试和模仿别人的想法，社会性得到了全面的增强，归属感得到提升。

六、评价体系

课程评价是人物己关系学课程体系非常重要的一部分，正如《美国国家科学课程标准》中所说的那样：课程和评价是一枚硬币的正反两面。课程评价的价值，可以诊断课程、修正课程、对各种课程的相对价值进行比较、预测教育的需求，或者确定课程目标达成的程度等。2001年9月教育部颁布的《幼儿园教育指导纲要（试行）》提出："教育评价是幼儿园教育工作的重要组成部分，是了解教育的适宜性、有效性，调整和改进工作，促进每一个幼儿发展，提高教育质量的必要手段。"

《幼儿园教育指导纲要（试行）》将教育评价作为和总则、教育内容与要求、组织与实施并列的四个基本领域之一进行了专门阐述。《幼儿园教育指导纲要（试行）》在第四部分围绕幼儿园教育评价，提出了评价的系统性、发展性、多元性、多主体、重视过程、重视差异等原则。人物己关系学课程的评价体系也是一个系统，它涉及课程的一日生活、学习环境、师幼互动、幼儿评价、家长参与、教师培训和园所管理等方面。幼儿园管理人员、教师、幼儿及其家长均是幼儿园教育评价工作的参与者。评价过程是各方共同参与、相互支持与合作的过程。

根据评价的目的不同，可把课程评价分为诊断性评价、形成性评价和总结性评价。诊断性评价也称教学性评价、准备性评价，一般是指在某项教学活动开始之前对学生的知识、技能及情感等状况进行的预测。通过这种预测可以了解学生的知识基础和准备状况，以判断他们是否具备实现当前教学目标所要求的条件，为实现因材施教提供依据。形成性评价是一种过程评价，总结性评价是一种结果评价。人物己关系学课程体系综合各种评价目的和幼儿园课程评价的特点，建立了以形成性评价为主、总结性评价为辅的课程评价体系。

同时，人物己关系学课程采取三种类型的评价方式：常模式参照评价、目标参照评价、个体内差异评价。课程具体评价利用三种比较实现：和常模相比较、和课程目标相比较、和个体原有发展水平相比较。

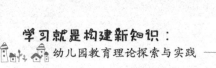

常模式参照评价是指以评价对象群体的平均水平或其中某一对象的水平为参照点，确定评价对象在群体中的相对位置或与群体中某一个体之间的差距的一种评价。目标参照评价是指在评价对象群体之外，以某一预定的目标或标准为客观参照点，确定评价对象达到标准绝对位置的一种评价。个体内差异评价是把评价对象群体中每个评价对象个体的过去与现在进行比较，或者把个体的有关侧面相互进行比较，从而得到评价结论的评价类型。

在人物己关系学课程体系中，课程评价策略具体表现在以下几个方面。

1. 真实情境下的观察评价

观察评价是常模式参照评价与目标参照评价相结合的策略。人物己关系学课程体系中，教师的教育行为一般经历观察、决策、行为三个阶段。决策是教师对教育观察进行意义和价值判断后做出的。教师通过观察评测幼儿目前的发展阶段，并预测下一步的发展阶段，进一步支持儿童的发展。

人物己关系学课程体系中，教师借助一定的观察量表，有计划、有目的地对幼儿进行全面的、客观的观察。此策略强调对当下的、实时的、具体的情境下幼儿行为的观察，注重对幼儿行为的解读，教师识别和判断幼儿的最近发展区，为幼儿提供及时的鹰架，随时为幼儿发展提供专业支持。这种评价必须选择与本课程相关的评价量表，同时要慎重使用评价结果。

2. 过程记录下的档案评价

档案评价属于个体内差异评价，它指的是把每个评价对象个体的过去与现在进行比较，或者把个体的相关方面进行比较，从而得到评价结论的教学评价。

人物己关系学课程体系档案评价关注教育教学过程中幼儿的学习变化，通过档案比较发现幼儿的成长或问题，进而进行合理的分析，最后采取有效的鹰架策略。档案评价主要以时间为线索，强调对个体纵向的追踪和评价。幼儿成长档案评价是对幼儿成长过程的档案式记录，通过幼儿作品及相关资料的收集、整理，记录幼儿在各类活动中体现出的个性、兴趣、态度、能力等表现，它是对幼儿发展中的真情实境及发展轨迹的真实记载，是体现幼儿发展动态评价的最佳形式之一。

由于档案评价重视比较，往往有所侧重，评价的全面性必须引起重视。人物己关系学课程体系档案评价往往采取多种评价方式相结合，既有幼儿成长作品档案，又有教师观察档案，把两种档案充分结合起来使用。

3. 任务驱动下的展示评价

展示评价策略是常模式参照评价和目标参照评价相结合的策略。展示评价是指通过观察幼儿在完成实际任务时的表现来评价幼儿已经取得的发展成就。展示评价强调在完成实际任务的过程中评价幼儿的发展，不仅要评价幼儿知识与技能的掌握情况，更重要的是通过分析幼儿表现，了解他们在知识与技能、过程与方法、情感态度与价值观等方面的全面发展情况。

在人物己关系学课程体系中，幼儿围绕一个核心问题和若干个分解问题，不断地提出问题、研究问题、解决问题，再到最后的分享成果。这一系统以任务为中心的学习与发展，能充分呈现幼儿发展的实际情况，有助于我们进行全面研究和真实评价。

4. 领域阶段下的综合评价

综合评价是常模式参照评价、目标参照评价、个体内差异评价三种方式相结合的策略。它使用比较系统的、规范的方法对幼儿在一定阶段发展的多个指标、多个领域同时进行评价的方法，称为综合评价方法，也叫多指标综合评价方法。综合评价的方法一般是主客观结合的，方法的选择需基于实际指标数据情况，最为关键的是指标的选取及指标权重的设置。同时，这个综合评价也是具有相对性的，它只是儿童发展的一个阶段，也是一种个体内差异评价。

在人物己关系学课程体系中，这种综合评价以学期为单位，一学年进行两次综合评价。同时，这种综合评价除了客观、真实、规范、系统之外，还特别重视"教师和家长的下一步支持策略"，整个幼儿评价是持续进行、螺旋式上升的。

综上所述，人物己关系学课程体系是一个包括文化背景、价值取向、目标体系、内容体系、实施体系和评价体系的整体系统。这个课程体系，我们整理成了一张人物己关系学课程体系图。

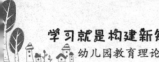

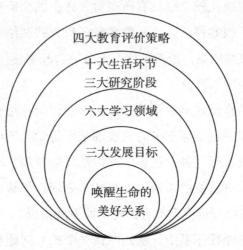

人物己关系学课程体系图

　　总而言之，课程体系建设是一个长期持久的过程。在这个过程中，我们必须充分考虑当地社会文化状态，以一种动态建设的心态建立适合本土文化特色的适宜性课程体系。这样的课程，才是真正符合新时代的幼儿园课程，才能真正提升学前教育的质量。

探索篇

实践篇

理论篇

学习就是构建新知识

系统与主动，

幼儿一日生活的专业魅力

　　一日生活皆课程。人物己关系学课程体系关注幼儿的一日生活，以"关系学习"为核心价值取向，在幼儿的一日生活中融入这一学习理念。结合课程的实施，从一日生活的三个结合、四个组成、十大环节等方面思考如何做到课程与生活的完美结合。

　　课程是一所幼儿园的核心，它是一个完整的系统。如何保证这个系统有效地运转，这会涉及课程的具体实施体系。这个实施体系包括五个方面：一是幼儿一日生活的组织；二是幼儿学习环境的创设；三是师幼互动关系的建立；四是幼儿成长的评价；五是幼儿学习的教务保障。正是有了这五个方面的共同作用，才能保证所选择的课程的核心价值取向得以落地。比如，现在许多幼儿园选择做项目教学，项目教学非常注重三个阶段的任务，它核心的价值取向是什么？有人说是探索式的，有人说是互动式的，有人说是体验式的，其实不管是探索式、互动式还是体验式的，都是一种主动式的学习方式。一旦确定了这样一种项目教学主动式的学习任务以后，我们必须思考如何保证它能够落地，后面几个章节，我们将从这五个方面来进行解析。

　　一日生活皆课程，这种思想源于杜威的教育思想。讲到课程，我们必然会想到两个关键词——"系统"与"主动"。

　　第一个关键词是"系统"。讲到系统论，我们一般会想到两种思想：第一种思想是我们通常讲的"1+1>2"，这就是我们经常讲的要加强合作，多方合力肯定大于只是幼儿园做或者只是家长做，而是共同的合力才能产生一个非常好的教育效果。第二种思想就是在系统里的任何一个组成部分，它都不能单独地存在，它必须在系统里面才有价值。比如，一个人有五官，少了一个可能就有问题。假如有个人的一条胳膊从身上掉到地上，它其实就是个物体，并没有任何的价值。这个胳膊只有长在人的身上，它才能运动，才能受大脑支配，才能帮助人做很多事情，是一个很好的工具。所以，系统里的任何一个组成部分都不能单独存在，结合我们的教育来讲就是三位一体式的教育，对孩子的教育需要幼儿园、家庭、社区共同作用。所以，孩子的教育绝不仅仅是幼儿园在教育孩子，也不仅仅是家庭在教育孩子，更不可能只是社会在教育孩子。有家长会对老师说："老师，孩子就是你的了，你帮我好好教育一下他。"家长把孩子的教育问题全部推给教师，这种观点肯定是不正确的。教育孩子不仅仅是教师的职责，其实家长也有很大的责任，需要家园合作，而社区经常容易被忽略。

　　我们都非常重视幼儿园、重视家庭，对于社区资源的利用是比较少的，但

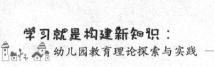

在项目教学里非常重视这种社区资源的价值。在项目教学的第二阶段，我们要实地参访，这种参访会涉及很多社会资源。比如，研究一个有关汽车的主题，那么肯定会带孩子去参访一个汽车4S店。在这个项目教学里，参访地点就是我们说的社区资源，是尤为重要的。

当然，项目教学不仅仅是在第二阶段需要社区资源，在第一阶段和第三阶段同样有非常重要的价值。比如，班级确定关于"水果"这样一个项目，在开始阶段要了解孩子的已有经验，可能就需要让家长带着孩子去水果店看一看，回来以后进行分享，那么老师在第一阶段就可以了解孩子们对于水果的一个感性认识。对于水果的认识，就直接决定了这个项目能不能开展下去，所以前期孩子的经验是非常重要的。而在第二阶段水果店就是实际参访地点。如果没有一个水果店去参观，这个项目可能就很难落地。因为在这个项目教学里有个重要的学习途径，就是实地参访。在项目教学里，孩子的学习途径一般有五种。第一种是讨论，就是孩子和孩子之间、孩子和老师之间要经常讨论主题。第二种是参访，要有实地参访的场所。第三种是调查，要让孩子调查，但是参访和调查有时候会有交叉。第四种是表征表述，如孩子绘画、建构、角色扮演、前书写等。第五种是展示展览，如把孩子去参访的活动用图片的形式展示出来。又如孩子们搭的汽车，把它展示出来。在最后结题的时候，孩子们做了一辆漂亮的汽车，让家长去体验，分享一下坐大汽车的感觉等。所以，项目教学中的每一个阶段都有价值。

第二个关键词是"主动"。那什么是主动？很显然是相对于被动来说的。2020年10月，中共中央、国务院印发了《深化新时代教育评价改革总体方案》，该方案在"改革教师评价，推进践行教书育人使命"中指出："幼儿园教师评价突出保教实践，把以游戏为基本活动促进儿童主动学习和全面发展的能力作为关键指标，纳入学前教育专业人才培养标准、幼儿教师职后培训重要内容。"由此可见，"主动学习"在儿童发展中的重要性。

美国著名学者、学习专家爱德加·戴尔于1946年首先发现并提出了"学习金字塔"理论。它用数字形式形象展示了采用不同的学习方式，学习者在两周以后还能记住内容（平均学习保持率）的多少。在塔尖，第一种学习方式——

"听讲"，也就是老师在上面说，学生在下面听，这种我们最熟悉、最常用的方式，学习效果却是最低的，两周后学习的内容只能记住5%。第二种学习方式——通过"阅读"方式学到的内容，可以保留10%。第三种学习方式——用"声音、图片"的方式学习，可以记住20%的内容。第四种学习方式——采用"示范"，可以记住30%的内容。第五种学习方式——"小组讨论"，可以记住50%的内容。第六种学习方式——"做中学"或"实际演练"，可以记住75%的内容。第七种学习方式——在金字塔基座的学习方式，是"教别人"或者"马上应用"，可以记住90%的学习内容。爱德加·戴尔提出，学习效果在30%以下的几种传统学习方式，都是个人学习或被动学习；而学习效果在50%以上的，都是团队学习、主动学习和参与式学习，这三种才是真正的主动学习。而后面这三种学习方式是符合幼儿园孩子的。《3—6岁儿童学习与发展指南》中明确指出："教师要最大限度地支持和满足幼儿通过直接感知、实际操作和亲身体验获取经验的需要。"例如，在研究一个关于蔬菜的项目时，孩子们可能会问：西红柿是怎么来的？它是在哪里生长的？它可以怎样烹饪？……对于孩子来讲，最有效的学习方式就是主动学习，让孩子自己直接感知、实际操作和亲身体验才会有效，而这些学习方式的背后就是关系，帮助孩子与外在的人、事物、思想建立起联系。

不同的课程有着不同的价值取向，而这个核心的价值取向能不能实现，关键得看幼儿一日生活的组织。关于幼儿的一日生活，人物己关系学课程体系认为可以从以下几个方面进行思考。

一、一种学习

人物己关系学课程体系的核心价值取向就是培养孩子的关系学习能力，如何理解这种学习？可以通过一个对比游戏感受一下。把参与活动的人员随机分为A、B两组，10分钟听任务玩游戏。A组任务：全体组员围成一个圆，一起玩一把椅子，尽量想出多种玩法。B组任务：全体组员围成一个圆，按顺时针方向绕椅子走，走的过程中不可以交流。10分钟后，我们请两组分别派代表分享玩游戏的心得。很显然，A组通过组员交流玩椅子的想法，创意开展集体玩椅子：转椅子、跨椅子、背椅子……A组人员玩得非常开心，收获也很大。而B组，由于任务比较单一，组员没有什么交流，也没有什么交互行为，他们会觉得非常无聊，没有什么收获，再也不想玩这个游戏。

这个游戏就涉及关系学习的三要素：外在影响、交互行为、鹰架支持。外在影响可以是人、物，也可以是一种思想。交互行为指的是与外在影响产生联系的各种语言类和非语言类行为。鹰架支持指的是他人在儿童最近发展区的支持，帮助儿童从一个发展水平提升到另一个高度的发展水平。在人物己关系学课程体系里，我们主张关系学习，教师创造有利的外在影响，幼儿根据外在影响进行各类交互行为，在鹰架支持下幼儿获得全面发展。

例如，孩子们在进行一个关于蔬菜的项目，在活动开展过程中，教师要思考有没有提供各类蔬菜（外在影响）给孩子？有了蔬菜以后，有没有让孩子研究蔬菜（交互行为，如切菜、炒菜、品尝美食等）？在孩子们的研究过程中，教师有没有帮助孩子提出更多问题（鹰架支持）？……关系学习的三要素，在项目研究的三个阶段都存在，也存在于幼儿一日生活的各个环节。作为专业教师，必须时刻思考这种学习的价值及其运用。

二、两个理论

人物己关系学课程体系非常关注理论建设，主张从哲学、心理学、教育学等学科中找到根源，在幼儿一日生活组织这个领域，我们关注两位著名的心理学家——皮亚杰和杜威。

第一位：皮亚杰

让·皮亚杰（Jean Piaget，1896—1980），瑞士人，近代著名儿童心理学家。他的认知发展理论成了这个学科的典范，一生留给后人60多本专著、500多篇论文。他曾到许多国家讲学，获得几十个名誉博士、荣誉教授和荣誉科学院士称号。皮亚杰对心理学最重要的贡献，是他把弗洛伊德的那种随意、缺乏系统性的临床观察，变得更科学化和系统化，使日后临床心理学有长足的发展。

皮亚杰认为，智力的本质是适应，他用四个基本概念阐述他的适应理论和建构学说，即图式、同化、顺应和平衡。皮亚杰把认知发展视为认知结构的发展过程，以认知结构为依据区分心理发展阶段。他把认知发展分为四个阶段：①感知运动阶段（sensorimotor stage，0至2岁左右）；②前运算阶段（preoperational Stage，2岁至六七岁）；③具体运算阶段（concrete operations stage，六七岁至十一二岁）；④形式运算阶段（formal operations stage，十一二岁及以后）。

针对前运算阶段的儿童，皮亚杰认为有五个特点。

1. 泛灵论

儿童认为所有的东西就像他一样有灵性、有生命。比如，一把椅子放在教室里，你趁儿童不注意，悄悄把它拿走。然后对儿童说这把椅子跑掉了，儿童真会信的。年龄越小的儿童，这种现象越明显，特别是3岁左右的儿童。

2. 自我中心主义

儿童缺乏观点采择能力，只从自己的观点看世界，难以认识他人的观点。为了证明儿童的"自我中心"特点，皮亚杰做过一个"三山实验"。实验材料包括三座高低、大小和颜色不同的假山模型，实验首先要求儿童从模型的四个角度观察这三座山；然后要求儿童面对模型而坐，并且放一个玩具娃娃在山的另一边；最后要求儿童从四张图片中指出哪一张是玩具娃娃看到的"山"。结果发现幼儿无法完成这个任务，他们只能从自己的角度来描述"三山"的形状。

3. 不能理顺整体和部分的关系

通过要求儿童考虑整体和部分的关系的研究发现，儿童能把握整体，也能分辨两个不同的类别。但是，当要求他们同时考虑整体和整体的两个组成部分的关系时，儿童多半给出了错误的答案。例如，教师带孩子们看绘本，经常有孩子讲："老师，天上有一只鸟；老师，地下有一只虫子。"这时候，教师经常会讲："别管它，别打岔，听我讲。"其实这个不是孩子打岔，他的思维可能就是这样的，关注绘本中的局部图片。

4. 思维的不可逆性

思维的可逆性是指在头脑中进行的思维运算活动。菲力普（Philips，1969）曾就儿童思维中不可逆性的问题，采用皮亚杰与儿童对话的方式，观察

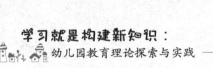
一个4岁男童的反应，对话内容如下。问："你有兄弟吗？"答："有。"问："他叫什么名字？"答："叫吉姆。"问："吉姆有兄弟吗？"答："没有。"

5. 缺乏守恒

守恒是指掌握概念的本质特征，所掌握的概念并不因某些非本质特征的改变而改变。前运算阶段的儿童认识不到在事物的表面特征发生某些改变时，其本质特征并不发生变化。不能守恒是前运算阶段儿童的重要特征。例如，在孩子面前出示两瓶矿泉水，里面装的水一样多。然后当着孩子的面，分别把两瓶水倒入两个容器，这两个容器一个粗一点、一个高一点。紧接着问孩子哪个容器里的水多，大部分孩子都会讲，高的容器里的水多，为什么？因为他不知道水其实没变，只是装水的容器变了。教孩子，首先要懂孩子。人物己关系学课程体系主张多了解孩子，尊重孩子的身心发展规律，因材施教，做有个性化的教育。

第二位：杜威

约翰·杜威（John Dewey，1859—1952），美国著名哲学家、教育家、心理学家，实用主义的集大成者，也是机能主义心理学和现代教育学的创始人之一。杜威的思想对20世纪前期的中国教育界、思想界产生过重大影响，他曾到访中国，见证了五四运动，并与孙中山会面，培养了包括胡适、冯友兰、陶行知、郭秉文、张伯苓、蒋梦麟等一批国学大师和学者。

从实用主义经验论和机能心理学出发，杜威批判了传统的学校教育，并就教育本质提出了他的基本观点——"教育即生活"和"学校即社会"。杜威认为，教育就是儿童生活的过程，而不是将来生活的预备。既然教育是一种社会生活过程，那么学校就是社会生活的一种形式。他强调说，学校应该"成为一个小型的社会，一个雏形的社会"。同时，他提出了"从做中学"这个教学基本原则，他还认为好的教学必须能唤起儿童的思维。作为一个思维过程，具体分成五个步骤，通称"思维五步"：一是疑难的情境；二是确定疑难所在；三是提出解决疑难的各种假设；四是对这些假设进行推断；五是验证或修改假设。杜威指出，这五个步骤的顺序并不是固定的。根据这个"思维五步"，他又创立了教育史上的"教学五步"。人物己关系学课程体系关注儿童的生活经验，重视幼儿一日生活的组织，主张让幼儿在人物己关系学课程中学习，力求让儿童的学习看得见。

三、三种结合

在幼儿一日生活中，从教师"教"的角度，我们认为还应做到三个结合：保教结合、室内外结合、动静结合。

1. 保教结合

保教结合是一个整体概念，这也是幼儿园教育跟中小学教育最大的不同，幼儿园教育既要做保育，又要做教育。"保"就是保护幼儿的健康，有身体方面的，也有心理方面的，还有社会方面的。"教"就是幼儿园的教育教学，指教师有目的、有计划地对幼儿进行全面发展的教育。在许多幼儿园，班级都会配备2名幼儿园教师、1名保育员，3个人分工合作，教师主要从事教育工作，保育员主要从事保育工作。也有这样的幼儿园，班级没有保育员这个岗位，一个班3名老师，大家轮流做幼儿保育工作。不管是哪种形式，我们一致认为班级3名人员都要会做保教结合工作。

例如，一名教师正在组织幼儿活动，另外一名教师配教，保育员上午休息了。突然，一名幼儿在教室的地上呕吐了一大堆东西。这时候，教师会如何做？经过保教结合培训的教师，可能会采取用面巾纸遮盖呕吐物，然后用班内当日已配制好的含氯消毒液对呕吐物进行喷洒等一系列标准动作。如果没有这个意识的人员，可能就会直接清扫，这是非常不规范、不卫生的。我们应该做到保中有教、教中有保、保教并重。

2. 室内外结合

幼儿的活动空间既包括室内，也包括户外。室内户外结合是幼儿园教育非常鲜明的特点，也是幼儿身心发展的特殊需要。《幼儿园工作规程》指出："在正常情况下，幼儿户外活动时间（包括户外体育活动时间）每天不得少于2小时，寄宿制幼儿园不得少于3小时。"《3—6岁儿童学习与发展指南》要求："幼儿每天的户外活动时间一般不少于2小时，其中体育活动时间不少于1小时，季节交替时要坚持。"同时还要注意的是，除了户外活动需要室外，幼

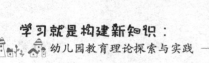

儿有的学习活动可能也要延伸到室外，给予孩子学习的选择机会。如果条件允许，可以把积木区、娃娃家、美术区等设在户外，室内户外打成一片，方便孩子学习。

在人物己关系学课程体系里，我们不仅关注幼儿室内学习，也重视户外学习，学习必须室内外结合。比如，大班进行项目教学"树"，孩子们在室内讨论了各种树，对树的粗细产生了浓厚的兴趣，想知道树的周长到底有什么不一样。于是，孩子们带上卷尺，从室内来到室外，对自己感兴趣的树进行测量并记录。记录完后，孩子们又回到室内，分享自己所了解到的信息。在这个案例里，孩子们的学习就是典型的室内外结合，我们应根据学习的需要不断调整学习场所。

3. 动静结合

幼儿身心发展的特点，决定了幼儿园的教育必须是动静结合的。幼儿好奇好动、思维活跃，但其对自我认识不足、控制力不够，往往容易特别兴奋，有时甚至超出了身体的承受能力，这就需要我们教育者把握好动静结合，既要让幼儿积极参与活动，又不能兴奋过度。这种要求，不管是幼儿一日生活的组织，还是一个活动的开展，教师都应该思考如何做到。同时，《幼儿园工作规程》也明确指出："幼儿一日活动的组织应当动静交替，注重幼儿的直接感知、实际操作和亲身体验，保证幼儿愉快的、有益的自由活动。"

在人物己关系学课程体系里，教师全方位做到动静结合，这既是课程的需要，也是对孩子负责。在一日生活组织中，教师会考虑什么时候是以动为主的活动，什么时候是以静为主的活动，什么时候是过渡时间……这种思考，有利于幼儿养成持续、稳定的生活作息，也有利于幼儿身心健康成长。同时，在一个活动设计过程中，我们一般分为开始、中间、结束三个部分，开始、结束部分一般都是相对比较安静的活动，中间部分就有可能会比较兴奋。另外，在幼儿一日活动中，我们还特别关注过渡环节的组织，以静为主的形式开展，引导孩子在积极、稳定的关系中学习与发展。

四、四个组成

幼儿园一日活动是指幼儿从入园到离园的一天时间里，在幼儿园各个空间里所经历的全部事件。幼儿园一日活动以游戏为基本活动，寓教育于各项活动之中。《广东省幼儿园一日活动指引》根据幼儿活动的属性，把幼儿园一日活动划分为四种类型：生活活动、体育活动、自主游戏活动和学习活动。在人物己关系学课程体系里，不仅要关注这四种活动，还要重点思考如何把课程的核心价值在一日活动中贯彻落实。

1. 生活活动

生活活动是指满足幼儿基本生活需要的活动，主要包括幼儿入园、进餐、饮水、盥洗、如厕、睡眠、离园等环节，其实通俗地讲就是幼儿的吃喝拉撒睡等。在看似平凡的一日生活中，如何开展有特色的活动？

南方许多幼儿园为孩子们提供两餐两点——早餐、午餐，上午有水果餐，下午有下午茶。上午的水果餐，一般是两个鲜果、一个干果。课程的核心是关系学习，关系学习非常重视幼儿的互动行为——选择权利，我们可以尝试在水果餐时间给予幼儿选择的权利。例如，今天的水果餐是荔枝、香蕉和山楂片。幼儿去拿水果时，老师问："今天吃荔枝，你想吃几个？"幼儿："我想吃3个。"老师："好的，你可以拿3个。再加1个香蕉。这里还有山楂片，你想吃几片？"幼儿："5片。"老师又给了幼儿5片山楂片。这样，这个小朋友就拿了3个荔枝、1个香蕉和5片山楂片。紧接着，老师又问下一个幼儿。在这个分餐过程中，老师把选择的权利还给幼儿，幼儿没有压力，吃得开心并且没有浪费食物。从这个小细节上，就体现了课程的核心价值取向，这也是一种教育活动。

再如，午餐吃的是板栗烧五花肉。老师问："小朋友，今天吃什么？"幼儿："板栗烧五花肉。"老师："你们知道板栗是哪里来的吗？"这一问就似炸开了锅，小朋友不知道板栗是怎么来的。小朋友就讲上网去查查看。老师一查，原来板栗是长在树上的，并且本来的板栗外面有很多刺，就像刺猬一样。去掉外面的刺，才是小朋友见到的板栗。这样就把真正的课程融入孩子的一日生活里面了，这就是生活的价值。

2. 体育活动

体育活动是指幼儿通过日常锻炼、体育课、体育游戏等形式开展的日常运动，体育活动有助于幼儿形成健康体魄、愉快情绪、良好心理。国家相关政策规定每天要保证孩子2小时的户外活动时间，其中1小时是体育活动时间。幼儿园教师在组织体育活动时，要注意体育活动的科学性、规范性和有效性。

在人物己关系学课程体系里，我们非常关注通过体育活动让孩子了解自己、认识自己、提升自己，进而提高自己的综合运动意识和能力。如在体育课中，我们一般分为开始、中间、结束三个部分。开始部分以准备运动为主，老师和孩子一起跑一跑、跳一跳、蹦一蹦、踢一踢等，让孩子的运动器官得到充分锻炼。中间部分，教师提供材料（外在影响）让幼儿探索，寻找最有效的使用方法，过程中教师给予鹰架支持。结束活动，教师与孩子一起做放松运动，并自然过渡到下一个生活环节。另外，我们还非常关注带幼儿去外面玩时的安全，从班级出发前点人数，到达活动现场点人数，活动过程中点人数，结束活动时点人数，回到班级后点人数……通过多次点人数，及时发现问题并及时解决，保护幼儿安全。

3. 自主游戏活动

自主游戏活动是指幼儿在游戏情境中根据自己的兴趣和需要，以快乐和满足为目的，自由选择、自主展开、自发交流的积极主动的活动过程。其实，这种游戏想表达的是把游戏的权利还给孩子，让孩子来做游戏的主人。

什么是游戏？游戏的种类有哪些？……关于游戏的说法有很多种，这里介绍几种在本课程中会做的游戏。有一种按照学科来划分的游戏：语言课上组织的游戏就是语言游戏，数学课上组织的游戏就是数学游戏，体育课上组织的游戏就是体育游戏……如果这个游戏不知道具体属于哪个学科，就叫作创造性游戏。这种分类方法比较简单，受学科性教学的影响很深，专业性不够。专业的分法有两种：一种是按照皮亚杰认知发展的阶段划分，另一种是按照美国心理学家帕登的儿童游戏的社会性参与程度划分。

按照皮亚杰的认知发展情况，把游戏分为四大类，并且四大类是有层级的。第一种游戏叫探索性游戏。例如，经常会看到一个两三岁的小孩，他拿着一个皮球滚、抛、踢等探索一两个小时，都不觉得厌烦，为什么呢？他这个阶段就喜欢玩这种游戏，他在探索这个材料有什么样的属性。第二种游戏叫建构游戏。比如，孩子对一个笔筒探索了好久，现在又拿了很多笔筒来搭房子，这就是建构性游戏。但是仅仅建构没有什么意思，需要一些角色来参加，那么就到了第三种游戏——角色游戏。在角色游戏里面，就存在角色分配：你是房屋设计师，他是业主，还有建筑师……这样就有角色了，大家各司其职，一起玩游戏。第四种游戏是规则游戏。游戏中我做医生，你做病人，这个是不能随便破坏的。还有典型的规则游戏——棋类游戏，如围棋、象棋、跳棋、五子棋等，这些棋类的基本规则是不能破坏的，破坏了就没法玩了。

美国心理学家帕登按儿童游戏的社会性参与程度，把游戏划分为六个阶段。

（1）空闲行为：儿童从一个活动转到另一个活动，只是看看，不参与。

（2）旁观者：儿童长时间看其他儿童游戏，有时问问或提出建议，但不参加。

（3）单独游戏：儿童用自己选择的玩具自己游戏，专心于自己的游戏，不注意同伴玩什么。

（4）平行游戏：仍是单独游戏，但玩具和同伴相近，在同伴旁边玩，而不是和他们一起游戏。

（5）联合游戏：和同伴一起游戏，讨论共同的活动，但没有分工，也没有共同的游戏目标，每个儿童根据自己的愿望来做游戏。

（6）合作游戏：儿童在游戏中有共同的目的，有达到目的的方法，活动有组织、有分工。

这六个游戏阶段没有绝对的年龄区别，整体趋势是低年龄段儿童游戏的社会参与程度低；高年龄段儿童游戏的社会参与性更高，组织性也更强。

4. 学习活动

学习活动是指教师有目的、有计划组织的教育教学活动。这个学习活动是教师预设的，学习的内容是有相对划分的。教育部颁布的《幼儿园教育指导纲要（试行）》《3—6岁儿童学习与发展指南》都把幼儿的学习内容相对划分为五大领域：健康、语言、社会、科学和艺术。在人物己关系学课程体系里，我们增加了一个"学习品质"。

在课程实施过程中，幼儿园教师要对每个领域的组成部分有所了解。学习品质领域主要涉及五个方面：幼儿的好奇心与兴趣、主动性、专注与坚持、想象与创造、反思与解释。健康领域也包括五个方面：一是关于大肌肉发展；二是关于小肌肉发展；三是关于个人护理、自我服务；四是关于孩子的安全教育；五是关于孩子的心理教育。社会领域主要包括两个方面：一方面是人际交往，另一方面是社会适应。语言领域：就是听、说、前阅读、前书写。科学领域分为数学和科学，数学主要是四个板块：数概念和运算、集合与模式、图形与空间、比较与测量。科学主要有四个方面：一是关于观察和分类；二是实验预测结果分享；三是关于自然和物理空间；四是关于工具的使用。最后是艺术领域：一是感受与欣赏，二是表现与创造。

五、十个环节

一日生活皆课程，结合孩子在幼儿园的生活和前面所讲的三个结合、四个组成部分，我们把孩子的在园生活主要划分为十个环节：欢迎时间、计划时间、实施时间、整理时间、回顾时间、小组时间、大组时间、户外时间、餐点时间和过渡时间。这十个环节只是基本的活动环节，还有其他的环节。比如，睡眠时间、盥洗时间、早操时间等。这些基本环节组织的顺序没有固定的要求，幼儿园可以结合本园实际情况创造性地开展。在这十个环节中，我们都会在课程核心价值取向引领之下，引导幼儿积极与人、物、己建立联系。

1. 欢迎时间

一日之计在于晨。欢迎时间是幼儿一日生活的重要起点。这个时间有助于幼儿了解一天的生活，形成归属感、秩序感、控制感、安全感等，一般进行15分钟左右。欢迎时间一般包含三个方面的内容：自然和文化信息、班级信息、个人分享信息。这个活动的组织，既可以是教师，也可以是幼儿，师幼之间是一种平等、互动的关系。

2. 计划时间

计划、实施、整理、回顾是一个思维的闭环。计划包括决定做什么、预测互动、找到问题、提出解决措施、理解行为与结果的关系。在计划时间，幼儿根据自己的需要决定接下来准备做什么，可以一个人做计划，也可以小组派代表分享计划。计划的形式不限，但内容一定要明确，一般要进行15分钟左右。高水平的计划一定是连续性的，它可能涉及以前的内容，也可能关注现在，还可能展望未来。

3. 实施时间

幼儿做完计划，就必然会去执行计划。在实施时间，有可能计划与实施是一致的，可能不一致，也可能部分一致。作为教师，不要强求幼儿计划与实施的一致，但要注意引导幼儿执行计划。在实施时间，区域活动中，幼儿个体自主选择同伴、选择区域、选择材料、选择如何玩……幼儿有选择的权利。在项目教学中，幼儿学习小组的形式为执行计划，有明确的目的、有分工合作、有共同的爱好。实施时间至少要在30分钟以上，如果孩子有兴趣，还可以延长。在实施时间，教师有三种角色：幼儿安全的保护者、幼儿活动的观察者、幼儿学习的鹰架者。

4. 整理时间

幼儿期要注重幼儿良好行为习惯的培养，玩完玩具后，收拾玩具、玩具归类是一种良好的行为习惯。在实施时间，许多材料被幼儿玩过了，材料杂乱无序，把材料放归原处是整理时间的重要任务。整理时间一般为5分钟左右，整理时间一到，教师会温馨提醒幼儿收拾玩具，同时教师会和幼儿一起收拾，这有助于幼儿形成良好的责任感。

5. 回顾时间

回顾时间是计划、实施、整理、回顾这一闭环的最后一个环节。幼儿通过各种方法与他人一起回顾他们的所做和所学，再现相应的活动经验。同时，教师提供信息支持幼儿情境重现，支持幼儿描述事件、发现问题、反思行为，幼儿对实施进行回顾，重构经验。回顾时间一般为15分钟左右，回顾形式不限。可以是个人回顾，也可以是小组回顾。回顾的内容可以与计划一致，也可以不一致，重点在于引导幼儿反思自己的行为，构建新的经验。

6. 小组时间

小组时间是教师有目的、有计划预设的活动，它的来源主要有幼儿的兴趣、教师的专长、课程的平衡、社区的文化。小组时间一般为15分钟左右。小组时间，幼儿人手一份材料，根据自己的经验探究材料、发现问题、研究问题、解决问题。教师根据自己的观察，对幼儿进行鹰架支持，帮助幼儿提升水平。小组时间的材料，还可以投放到区域活动中，作为幼儿延伸学习的材料，满足幼儿多方面发展的需要。

7. 大组时间

大组时间也是教师有目的、有计划预设的活动，是全班幼儿一起参与的活动。大组时间是为了帮助幼儿建立团体意识、学习交流和表达自己的思想，同时提供观察同伴和表达自我的机会。大组时间一般为15分钟，大组时间的活动一般比较容易参与，主要聚焦在歌曲、律动、故事演绎等几类活动。在活动过程中，教师和幼儿分享控制，轮流当"领导者"，这有助于幼儿形成归属感、责任感和荣誉感。

8. 户外时间

幼儿的学习不仅要在室内发生，还应走出室内，走到户外，走入大自然中，让幼儿在空气、阳光和水中锻炼身体。户外时间，每天不少于2小时，体育活动时间不少于1小时。这里要特别提醒的是，教师一定要保证幼儿的体育活动，不光要有体育游戏，还要有正规的体育课。另外，教师还要注意把室内的学习适当延伸到室外进行，室内外学习可以结合起来开展。

9. 餐点时间

餐点时间在幼儿园一般分为早餐、水果餐、午餐、下午茶、晚餐等几个时间点，不同的幼儿园实际情况可能不一样，但都会涉及幼儿的进餐问题。这个时间，我们除了让幼儿享受美食之外，还应渗透课程核心理念，引导幼儿正确认识食物、了解食物、爱惜食物，还有健康的饮食文化。同时，在这个过程中培养幼儿建立积极、稳定的人物已关系，进而获得全面发展。

10. 过渡时间

幼儿一日生活中，有许多环节都是过渡时间。这个时间容易被老师们所忽略，造成消极等待，易发生安全事故，老师们有必要认真组织这个时间。过渡时间可长可短，根据上下两个环节的衔接来决定时间。过渡时间，教师可以利用图标、儿歌、律动、手指操等吸引幼儿的注意力，减少等待时间，自然过渡，培养幼儿秩序感，进而形成良好的关系。

六、几点建议

关于幼儿一日生活的组织，我们有以下几点建议。

第一条，一日生活组织要结合幼儿园的课程体系建设进行

一日生活的组织是课程体系建设的重要组成部分，不同的课程体系，一日生活安排也是不一样的，一日生活背后隐藏着课程体系的核心价值取向。如进行项目教学的幼儿园，其一日生活中肯定比较少集体活动的内容，而是小组活动、区域活动比较多。

第二条，一日生活要保持相对的稳定性

稳定的一日生活，有助于幼儿形成安全感、归属感和秩序感，同样也有助于教师的教育教学。当幼儿一日生活作息确定下来之后，不要随便改动。如果确实要改动，也要提前与幼儿进行沟通，让幼儿了解作息变化，以便幼儿能调整自己，适应外在的变动。

第三条，一日生活的设计应考虑让幼儿参与

一日生活的主人是孩子，在设计幼儿的一日生活时，应该让幼儿参与，这有助于幼儿形成稳定、积极的作息。例如，每一天可以安排一名值日生，通过卡通作息图提醒别的幼儿什么时间做什么事情，让幼儿拥有掌控感。

第四条，一日生活的设计应该兼顾幼儿的三种学习形式

自我个体学习、小组学习、大组学习是幼儿学习的三种形式，这三种形式各有特色。年龄较小的孩子主要是自我个体学习，年龄较大的孩子主要是小组学习和大组学习，当然其中也包括个体差异性。在设计幼儿一日生活时，应综合考虑多种学习形式的价值，充分发挥其应有的作用。

第五条，一日生活的设计应该考虑年龄差异性

幼儿身心发展特点具有年龄差异性，幼儿园主要招收3～6岁的儿童，有的幼儿园现在也招收3岁以下的儿童。3岁以下儿童的主要学习形式是自我个体学习，我们设计的活动主要是区域活动。3岁以上的儿童逐步有了问题意识和合作意识，主要学习形式是小组学习和大组学习，可以考虑设计项目教学，让儿童在主题活动中获得发展。

第六条，一日生活的设计应该引导家长参与

幼儿一日生活的组织，离不开家长的参与，特别是入园、离园活动。例如，一所幼儿园规定幼儿入园时间是早上7：30，早餐时间是8：30，幼儿园要求孩子最迟8：10入园做早操，可是有的家长不配合，总是很晚才送孩子入园，有时甚至9：00才送孩子入园。这样既影响了班级幼儿的正常作息，也使自己的孩子没能正常早锻炼、吃早餐等，影响自己孩子的发展，同时还影响了幼儿园的正常管理。

第七条，一日生活的设计应结合本园的实际情况

每个幼儿园的实际情况不一样，我们在考虑十大环节之时，必须结合本园情况和当地相关要求。比如，我国北方许多幼儿园都会为孩子提供晚餐，而南方许多幼儿园不提供晚餐，这个差别可能就会大大影响幼儿的作息时间，特别是下午的活动安排。

第八条，一日活动的设计应该符合国家政策

幼儿每天的户外活动时间一般不少于2小时，其中体育活动时间不少于1小时。正餐间隔时间为3.5～4小时。还有保教结合、动静结合、室内外结合等。作为一名专业的幼儿园教师，必须考虑国家政策法规，做到依法执教。

幼儿一日生活皆课程，而课程里最核心的是价值取向，在幼儿一日生活的各个环节都要体现出来，而不仅仅是教学过程中才有。例如，许多幼儿园都有幼儿晨间锻炼，在做周计划时，老师们会提前安排好每天带幼儿做什么锻炼，周一拍球，周二转呼啦圈，周三丢沙包，周四跨栏，周五立定跳远，这种安排看似井然有序，却忽略了一个重要的因素——孩子的学习，孩子的学习是被动的。如果我们换一种玩法，晨间锻炼时，全园教师按游戏玩法分别固定在某个

<image name="探索篇"></image>

区域，在保证幼儿安全的前提下，幼儿自主选择自己想玩的区域，把锻炼的选择权还给孩子，肯定是不一样的天地，孩子们肯定会主动去选择想玩的体育游戏，去积极思考如何与他人、与事物建立积极、稳定的关系。这样才是真正把课程的核心融入幼儿的一日生活。

主题与互动，

项目教学班级环境的创设

  环境是孩子的第三任教师。如何让这个"教师"会说话？我们既要考虑硬件环境，又要思考心理环境。结合本课程特色，本章节重点阐述项目教学中班级环境的创设，主张做有准备的环境、能互动的环境、够安全的环境。

我们经常讲，父母是孩子的第一任教师，幼儿园教师是孩子的第二任教师，环境是孩子的第三任教师。人物已关系学课程体系非常关注孩子学习环境的创设，主张让孩子在与环境的互动中建立各种关系。本课程所讲的环境主要有三个方面：第一个是幼儿园整体大环境，如幼儿园的户外环境、公共区域、展示区域等。第二个是幼儿园功能室环境，如音乐室、科学室、美术室、图书室、游戏室、体能室等环境。第三个是班级活动室环境。这些环境都是硬环境。还有一个环境是软环境，也就是我们经常讲的心理环境或人文环境。比如，整个幼儿园的文化氛围，它可能是一种放任式的，也可能是一种监督式的，或者是一种对抗式的，或者是一种民主式的，等等。这些都是心理环境，其实更多讲的是一种人与人之间的互动环境。所以仅从环境来讲，它其实是个比较大的概念，本课程要聚焦的是项目教学班级环境的创设。

讲到项目教学班级环境的创设，这里分享两个关键词，一个是"主题"，另一个是"互动"。

1. 主题

这个"主题"与许多人理解的"主题"不一样，此主题非彼主题，每个主题的理解也是不一样的。一般讲的主题就是指文艺作品或者社会活动等所要表现的中心思想，泛指主要内容。但是，我们讲的主题其实是围绕一个核心的名称或者问题进行的一项研究，而不仅仅指一个内容。它围绕一个核心的东西表述，有可能是一句话，也可能是一系列问题，还可能是一个事物。比如，一般人讲做主题，会这样讲：我们做汽车、超市、飞机等主题。而我们的主题有可能是这样的：如何建造一座房子，如何做一架飞机，怎么去购物等。两种不同的表述，导致研究的方式就不一样。

即使同样是项目教学，也有所差异。目前，全球比较流行的项目教学主要有三种形式：第一种是意大利瑞吉欧方案教学，孩子与教师围绕一个主题进行长时间的研究，研究过程中教师完全追随孩子的兴趣，及时为孩子创造一定的环境，让孩子在与环境的互动中学习，做有准备的环境。这种项目教学对教师的挑战是非常巨大的，教师既要随时关注孩子，又要及时回应孩子的要求。第二种是美国丽莲·凯茨所推崇的项目教学，围绕一个主题，她把孩子的学习相对划分为三个阶段。第一阶段：确定主题，制定网络图，提出问题；第二阶段：实地参访，研究问题，解决问题；第三阶段：总结经验，评估目标，分享成果。在这种项目教学中，教师与孩子围绕一个主题，进行了一个比较长期的、有趣且有意义的研究，既有教师的预设活动，又有孩子的生成活动。第三种是PBL（project-based learning）式项目教学，我们一般叫倒推式项目教学，它以成果为导向，规划整个项目教学的开展。它也分为三个阶段：启动、调查、展览。教师与幼儿围绕核心问题，规划整个项目，开展一环接一环的活动，向他人展示学习成果。

这些不同的项目教学，对环境的创设也是不一样的。方案教学要求教师时刻关注孩子的需要，创设有准备的环境。丽莲·凯茨所推崇的项目教学，也主张要追随孩子的兴趣创设环境，但她也关注教师的预设性，力求做到两者紧密结合。PBL式项目教学非常重视规划性，环境创设从启动到调查再到展览都已提前做好了规划。这三种项目教学都是围绕主题开展的活动，只是侧重点不一样。现在我国有许多幼儿园开展了主题活动，其实这种主题教学与上面的三种项目教学还是有许多不同的。许多幼儿园开展的主题活动其实是一种单元教学。这种单元教学把孩子的学习划分为几个单元或几个时间段，然后把五大领域内容安排到各个单元中，班级环境的创设都是提前规划好的，幼儿的参与度比较低。单元教学的主题与我们课程所讲的主题是完全不一样的。

2. 互动

环境是孩子的第三任教师，如何让这个"教师"会说话，其实讲的就是互动性，幼儿参与环境，与环境建立关系。

我们以丽莲·凯茨所讲的三阶段式项目教学为例，来讲一讲班级环境的创设。在项目教学研究过程中，在每一个阶段里面，我们都要重视环境的互动性，现在以项目教学"超市"为例。在第一个阶段，我们想在班级创设一个超市，需要了解孩子们关于超市的已有经验，可以让家长带着孩子去超市感受一下。可以拿几本关于超市的书或者去超市拿一些关于超市优惠活动的宣传单等放在班级读写区或美工区，让这些区域都充满主题性。在第二个阶段，我们可能会带孩子去超市，孩子们会研究很多关于超市的问题，在班上我们可以把孩子的学习过程、作品呈现出来，还有可能会用积木搭一个超市，或者在美工区绘画小超市，这也是环境的创设。在第三个阶段，我们就做个大的超市，在超市里，有的孩子扮演收银员，有的孩子扮演客服经理，有的孩子扮演导购员，有的孩子扮演顾客……孩子们分工合作，共同创设超市环境。从这个案例中我们可以看出，孩子们一直在为班级环境的变化做努力，一直在与环境互动。

英国作家西蒙·斯涅克在他的《从"为什么"开始》一书中提出了"黄金圈法则"的概念。他提出："真正能打动人心的思维路径应该是：先理念，而后措施，再到现象，最后是结果。"也就是说，要先跟人讲"为什么"，然后是"如何做"，最后才是"是什么"。关于项目教学班级环境的创设，我们想从以下六个方面跟大家分享。第一个是环境创设的原因；第二个是环境创设的基本原则；第三个是环境创设的四个部分；第四个是让孩子的学习看得见；第五个是环境创设的具体要求；第六个是环境创设的几点策略。

一、环境创设的原因

我们都知道，工业革命经历了以蒸汽机为标志的第一次革命，以电力为标志的第二次革命，以计算机为标志的第三次革命，我们现在到了工业革命4.0时代。前三次工业革命从机械化、规模化、自动化等方面提高了生产力与生产效率，那么工业4.0时代与它们最大的不同就是不再以生产驱动消费，而是由用户需求驱动生产，将数据作为整个产业链的出发点与基石。它让制造业由机械化、电气化、数字化转向网络化、数据化和智能制造的挑战，其鲜明特点就是智能化。

工业革命的变化势必带动教育的变化，在这样一种大背景下，教育也由早前的传授知识、能力为目标转化为心智的全面发展。随着AI技术的发展，学校的功能也可能发生变化。时代已经不一样了，以前是学知识和技能的时代，那么现在知识技能也要学，但这个知识技能学了以后，对孩子以后的发展有没有用，或者有多大的用途是需要我们去思考的。并不是知识技能不重要，而是知识技能所占的比例在未来的作用有多大，或者孩子需不需要通过更多的东西去

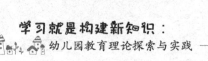
了解、去适应这个社会。

面对这样一个大的背景，我们应该思考怎样创设环境。从大的背景来讲，环境的创设要顺应未来。所以，在所创造的环境里，就要思考：提供的材料或者选的主题，是不是真正适合孩子未来的发展；在展开的过程中，我们有没有尊重孩子未来的需要；在项目的最后阶段，有没有想到未来对孩子的需求。

二、环境创设的基本原则

原则是指经过长期经验总结所得出的合理化的现象，是我们行事依据的准则。在项目教学班级环境创设方面，有五个方面的原则。

1. 融合性原则

教师应树立大教育观，把项目教学与区角设置紧密结合在一起。区角设置应体现主题活动的内容，不要停留在旧的划区方法上（如认知区、建构区、阅读区、美工区等）。例如，项目教学"水"的主题活动中，可以在班级设立"小小科学家"（进行关于水的小实验）、"创意小作坊"（进行关于水的绘画）、"发现之旅"（寻找水源、爱护环境等）等区域名称，在班级营造一种良好的主题学习氛围。

2. 动态性原则

主题活动的内容是随着孩子们的兴趣不断变化的，区角设置应根据内容的变化进行相应的调整，动态设置，为孩子们进行探究活动提供活动场所。比如，在项目"职业"中，项目开始阶段，教师与孩子在班级设置了消防局、警察局、医院、超市、邮局等十几个区域，随着项目研究的深入，教师又和孩子一起商量，最后调整为厨房、设计中心、银行三个区域。

3. 参与性原则

人物己关系学课程体系非常关注环境的互动性，主张创设能吸引孩子参与的环境，能引发孩子思考的环境，能彰显孩子成就感的环境……在整个项目中，孩子、教师、家长、社区人员等共同参与孩子的研究。例如，家长参与项目研究方面，在项目教学第一阶段，一旦项目确定下来，我们就会发一封信给家长，让家长知道孩子们在研究什么、需要家长配合做什么、家长可以主动思考为项目做什么……在第二阶段，家长可以为孩子们的实地参访提供资源，也可以来园做家长义工，甚至可以来园亲自为孩子们上课等。在第三阶段，家长可以参与结题方案的制订、结题表演、结题亲子游戏等。当然，家长的参与需要教师的引导，对于积极参与活动的家长，我们给予肯定和表扬，在班级树立家园共育的榜样。

4. 操作性原则

人物己关系学课程体系的关系学习非常关注孩子们的学习方式，主张让孩子在外在影响下产生交互行为，交互行为的核心是操作。在项目教学中，我们以孩子的直接经验为基础，引导孩子主动操作。而操作的对象就是材料。在本课程中关于为孩子提供的材料，我们有三个原则：一是材料必须是安全卫生的，不管提供什么样的材料都要以是否安全为前提。二是材料尽量多，品种多、数量多。例如，研究一个关于"汽车"的项目，班上就应该提供各种各样的汽车，并且同一款车要尽量多一些，这样方便孩子研究，也不会产生争抢。三是提供真实的、开放式的低结构材料，这也是我们需要特别关注的。真实指向孩子们日常生活中能够见到的材料，如牙膏盒、鞋盒、鞋子、包、电脑等。开放指向材料的多种玩法，一物多玩。比如，一个牙膏盒，除了可以装牙膏，还可以用来建构房屋、打电话、铺马路等。这些低结构的材料更容易激发孩子参与活动的兴趣，更容易进行再次创造。

5. 规则性原则

没有规矩，不成方圆。幼儿期是孩子规则意识形成的重要时期，孩子需要在幼儿期形成良好的规则意识，并学会自我管理。在区角创设的时候，应为每种材料设计标志，最好是一个区的标志是统一的，这样方便幼儿拿取和放置，可以是颜色、图片、形状等，大班可以逐步渗透文字和数字。同时，随着孩子年龄的增长，他们越来越喜欢玩规划游戏，我们在课程中应该结合不同年龄段和项目教学的内容创设不同的规划游戏，从小培养孩子的规划意识和社会适应性。

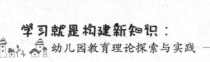

三、环境创设的四个部分

班级环境创设是我们每一位一线幼儿园教师必须做的事情，不同的课程模式，对班级环境创设的要求也不尽相同。在人物已关系学课程体系下，我们认为班级环境创设一般有四个组成部分：主题大环境、区域划分、材料提供、材料存储，这四个部分紧密相连、相互影响。

1. 主题大环境

项目教学非常重视主题环境的创设，一个充满童趣、互动、主题突出的主题环境必定会激发孩子的学习兴趣与欲望，同时，这样一个主题环境也极具震撼力，便于来访人员进行交流。主题大环境一般指的是幼儿园的门头和主题墙。班级一定要有一面墙或者一个显眼的地方，让人一到班级就会感受到班上的孩子和教师在研究什么。同时，这个大环境的创设必须结合项目教学进行，突出环境的艺术性、参与性、震撼性。另外，这个主题大环境一般是一个项目教学一个大环境，不需要经常更换。

2. 区域划分

在区域教学课程模式下，一般我们会把班级环境划分为娃娃家、积木区、美工区、读写区、玩具区五大基本区，同时还可以根据孩子的兴趣增加一些新的区域，如汽车区、电脑区、打击乐区等。但在项目教学模式下，我们会思考区域的划分如何处理基本区域与主题性的关系。例如，在项目教学"房子"中，班级的区域划分可能就是这几个区域，如房屋设计师（指向美工区）、建筑师（指向积木区）、销售中心（指向读写区）、业主中心（指向娃娃家）等，这样就充分兼顾到两者了。另外，这里还涉及区标的制作。由于幼儿的学习是以直接经验为基础，在游戏和日常生活中进行的，所以不同年龄段设计的区标要求也不一样。主要有六种款式：第一种是实物和文字相匹配；第二种是图片和文字相匹配；第三种是打印实物图片；第四种是简笔画；第五种是线描画；第六种仅仅是文字。当然，也可以做其他的区标，不过有一个原则：区标应便于孩子识别，不宜过于复杂。

关于区域划分，还有几个原则要把握：一是区域划分要有相对的封闭性。

一般班级环境创设划分为五个区域，这五个区域在一个相对固定的位置，并且有一定的封闭性。二是区域的划分要方便孩子活动。孩子们在区域活动时，可以很方便地从一个区域走到另一个区域，这要求每个区域都有几个出口。同时也要特别注意，不要限制每个区域幼儿入区人数，这不利于孩子的学习。三是区域相邻性原则。如积木区和娃娃家要靠近，方便孩子建构，而阅读区要和阳光靠近，美工区要和水源靠近等。四是低矮性原则。孩子身高不够，为了方便孩子观察全班环境和拿取材料，班级中间的分区柜尽量低矮些。一般中间位置我们建议分区柜是两层的，并且是空透的，这样方便孩子观察和拿取。

3. 材料提供

区域划分好后，就要为每个区域提供材料。前面讲到提供的材料必须是安全卫生、品种数量多、真实、开放的低结构材料，除此之外，在本课程中还有一些特别的要求。区域提供的材料必须是与项目教学的主题相关联的。比如，在项目教学"汽车"中，读写区应该有关于汽车的书，积木区可以搭建汽车，娃娃家可以开汽车等，这样才有利于幼儿进行汽车研究。区域提供的材料必须是能让幼儿进行交互行为的，必须是能操作的，尽量少一些电动玩具、观赏类材料。区域提供的材料还必须是根据孩子研究的进度不断变化的，不可以一成不变。在不同的阶段，教师提供的材料是不一样的。另外，区域材料提供的主体不仅仅是教师，还可以是孩子、家长、社区人员等，它应该是多元化的。

4. 材料存储

有了材料后，就应该思考如何摆放。首先要为每种材料制作小图标，这样有利于孩子收纳材料，知道从哪里拿的放回哪里去。接着，提供给孩子的这些材料应该方便孩子拿取，不宜摆放过高或过低。然后，教师要给予孩子选择的权利。在活动时间，孩子可以把材料从一个区拿到另一个区，可以多种花样玩材料，可以选择与谁一起玩材料……最后是作品的摆放和未完成作品的收纳，教师要为每个孩子准备一个作品柜，方便孩子把自己的作品存放到那儿。同时要把孩子需要展示的作品找到一个位置展览出来，还有就是孩子未完成的作品，教师要思考如何处理。

四、让孩子的学习看得见

人物己关系学课程体系认为，孩子既是学习的探究者，又是学习的表达者。本课程最重要的特征就是鼓励孩子自发、持续和深入地探究。它把孩子当作有特殊需要和兴趣的个体，把孩子看作问题的发现者、问题答案的探究者，尽可能让孩子自己获得信息，并用多种方式表达认识和感受。它还把孩子的表达看作重要的不可替代的学习。从这个意义上讲，孩子既是探究者，又是表达者。瑞吉欧的《孩子的一百种语言》告诉我们：孩子，是由一百种组成的。孩子，有一百种语言、一百双手、一百个念头……我们要把另外九十九种语言还给孩子。

在项目教学中，孩子有五种主要的表达方式，分别是戏剧表演、画画、建构、设计图表、写作。孩子们通过这几种方式表达他们的经验、研究过程及了解到的各种关系。在项目研究的三个阶段，孩子可以选择不同的表达方式，也可以多种方式结合起来使用。教师要把孩子的这些表达方式融入班级环境创设中，把孩子的学习呈现出来，让孩子的学习看得见。

例如，"画画"这种表达方式。在项目教学"汽车"中，第一阶段，如果想了解孩子们对汽车的认识，可以让孩子们画汽车。有的孩子可能画了一个汽车框架，有的可能只画了几个轮胎，有的可能画的汽车东倒西歪……教师帮忙配上文字，就可以在班级门口展出，让家长也了解一下孩子的现有水平。第二阶段，教师带孩子实地仔细观察汽车，再让孩子们画汽车，就会发现有的孩子除了大的汽车轮廓以外，还会画窗户、方向盘、后视镜等。这个再次配图也要展示出来。第三阶段，孩子们对汽车有了更加深入的了解，有的孩子可能会画汽车车门上的小把手、车标等。我们可以把孩子的三幅作品对比呈现出来，这样就可以清晰地看出孩子的学习与发展。

关于"戏剧表演"，还是以项目教学"汽车"为例。随着对汽车认识的加深，孩子们可能会分工合作，有的喜欢汽车驾驶，有的喜欢汽车美容，有的喜爱汽车销售……在结题时，我们就可以编排一个关于"汽车"的戏剧表演。在这个表演里，孩子们通过不同的角色展示他们在项目研究过程中知识技能的提升、认知水平的提高。教师可以把这些编辑成一个视频播放出来，这也是一种环境创设。

当然，关于建构、设计图表、写作等表达方式，我们都可以在班级呈现出来，有的可能是作品，有的可能是图文并茂的表格，有的可能是孩子学习过程中的相片……这些都可以作为班级环境创设的重要素材，真正把孩子的学习融入班级环境中，让孩子做环境的主人，让孩子的学习看得见。

五、环境创设的具体要求

项目教学的开展是有阶段性的，每个阶段对于环境的创设都有着不同的要求。同时，由于项目教学关注核心问题的引领，环境创设的目的性也是非常明确的。

在第一阶段，主题确定后，一周内更换主题墙、区域标志和张贴网络图；两周内更新区域材料和材料对应的小图标（孩子参与）；第三周呈现孩子的问题板、研究过程板、作品成果板，让孩子的学习看得见。例如，当我们确定一个项目"超市"之后，我们会要求教师在一周之内更换主题墙，在第二周更新区标、区域材料。当然，在这些过程中，我们都会邀请孩子、家长参与。第三周研究后，孩子们关于超市肯定会有许多的问题。我们要求把孩子们的问题呈现出来，把一些初步的研究过程、作品呈现出来，这些呈现本身就是环境的变化，可以引导孩子反思研究、提升经验、重构认知。例如，孩子研究冰棒的融化，孩子拿出冰棒，观看冰棒的融化过程，观察融化的液体……将整个研究过程用照片记录下来，配上文字和图片呈现出来。还有一种是成果呈现。例如，孩子进行一个关于水果沙拉的研究，孩子做了几种水果沙拉，教师拍了几张照片，或者把水果沙拉放在班级门口，配上文字和图片，与爸爸妈妈分享，这就是成果呈现。

在第二阶段，孩子进行项目探究，会有许多的作品，我们也需要把它们呈现出来。这里也有一些展示孩子作品的具体要求：有活动主题名称、教师的话（前言说明）、作品完成时间、作者、孩子的想法、呈现多样化学习方式（如画、布、塑料、废物等）、作品展览高度应在1.5米以下等。我们展示孩子的作品要有主题，幼儿作品要有相关作者信息等。展示时一定要有一个前言，讲明事情的来龙去脉。另外，幼儿作品的呈现是给孩子和家长看的，展示的高度不能太高，我们建议在1.5米以下。

在第三阶段，教师与幼儿要向家长、同行等全面呈现项目研究的过程。建议做一个主题板，每个孩子都做一个对比宣讲板，还有特色活动展示区等。另外，项目结束后，班级教师一周内将所有课程资源（包括有关主题的玩具、操作材料、图书、照片、墙饰等）整理成箱，标明主题名称、日期和班级，由班主任上交给教学部教学资源库存档。相关电子资料也可以收集起来，整理成电子档案。

以上是项目教学环境创设的一些基本要求，大家也可以结合本园实际情况提出自己的要求。

六、环境创设的几点策略

班级环境的创设受课程、孩子、教师、家长等因素影响，没有一个固定的标准可以参照执行，但还是有一些共同的策略，可供学习借鉴。

1. 理念引领，系统思维

每一所幼儿园都有其核心的教育理念，而这个理念落实情况如何，环境是极具说服力的。我们在进行幼儿园环境创设时，不管是户外环境还是室内环境，都要认真思考这个环境有没有体现我们的教育理念。孩子的教育是一个系统工程，需要幼儿园、家庭、社会共同努力。我们在做班级环境创设时，不仅要思考如何让孩子参与，更要思考如何让家长、社区人员也参与进来，共同为孩子的学习贡献力量。同时，在参与环境创设的过程中，家长、社区人员也要加强对幼儿园教育的认识，提升育儿水平，这更加有助于幼儿园各类工作的开展。

2. 结合课程，专业思维

不同的课程，班级环境的创设也是不一样的。有的课程关注区域教学，有的课程重视集体教学，有的课程强化小组教学……我们在进行班级环境创设之前，一定要专业思考本课程的核心价值取向。如果本课程关注项目教学，主张班级环境创设要凸显项目教学的主题性与互动性。同时还要关注课程中关系学习的三要素、追求的三大关系。

3. 不断创新，求异思维

教育要面向未来，现在已经是工业革命4.0时代、教育4.0时代，这些都让我们必须思考我们的教育，思考如何通过环境影响我们的孩子。人物已关系学课程体系着眼未来，积极思考课程的建设，不断创新班级环境创设。在求同存异的思维方式下，积极借鉴各种课程模式的优点，创立自身的课程模式，特别是项目教学模式下班级环境的创设，突出与以往项目教学的不同，打造自身特色。

4. 以人为本，互动思维

教育是人与人之间的互动，没有互动就没有教育。本课程关注三大关系的建立，坚持以人为本，让孩子、教师、家长、社区人员等积极参与项目研究过程。在项目教学的三个阶段，班级环境的创设都是多方面人员参与的，都是主张让孩子与外界影响产生互动行为，教师再给予适当的鹰架支持，帮助孩子在"第三任教师"的帮助下提升水平。同时，我们还要关注孩子与材料的互动。环境是为孩子准备的，一定要让孩子跟环境互动起来，而不是一个好看的环境。经常有人问："一所好的幼儿园是什么样的？"我们认为没有一个标准的答案，不过他们肯定会讲到幼儿园要看得见孩子的学习，不管是孩子的学习过程还是孩子的学习作品，这些有了才可能是一所好幼儿园。而这个学习的背后，就是让孩子与材料的互动，就是尊重孩子。

5. 开阔视野，多元思维

思路决定出路。教师在做班级环境创设时，一定要多看看别人是如何做环境的，有没有现成的例子可以借鉴，在借鉴的基础之上可不可以创新……思路拓宽了，想得就更有特色了，这样的班级环境才会不一样。另外，这种拓展还要扎根当地文化，以当地文化为基础，班级环境的创设就会更有内涵、更有生命力。

6. 关注细节，工匠思维

细节决定成败。我们在做项目教学时，一定要关注细节。一方面，通过细节了解孩子的兴趣，进而决定教师要提供什么样的材料给孩子；另一方面，通过细节了解家长的需求。在项目教学中，我们经常会让家长带一些相关材料来园，对于这些家长带来的材料，我们处理的方式方法，直接影响着家长参与项目的积极性。同时，在与孩子、家长、社区人员的沟通过程中，通过细节也能呈现教师的专业性，有助于幼儿园各项工作的开展。另外，由于幼儿园教育的特殊性，班级环境创设还要特别关注安全性。在幼儿园，不管是整个大环境创设还是班级环境创设，作为教师首先要考虑的是环境够不够安全，如果没有安全这个"1"，后面都是"0"。教师在创设班级环境时，也要特别关注安全，特别是教师在教室天花板、墙面、门面等地方悬挂东西时，要慎重考虑采光度、通风度、安全性等指标。

7. 提升审美，艺术思维

每个孩子心里都有一颗美的种子。教师要充分利用班级环境，让孩子在环境中萌发对美的感受和体验，丰富其想象力和创造力，引导孩子学会用心灵去感受和发现美，用自己的方式去表现和创造美。在项目教学研究过程中，孩子的想象力很丰富，他们往往会大胆画画，创作了许多作品。这些作品如何处理，教师个人的艺术修养水平就很重要了。有的教师会不做任何加工地呈现孩子作品给家长，有的教师把每幅作品加工成一样的作品展示给家长，有的教师会配上孩子的话再展示在班级门口……我们希望呈现的作品既不是"毛品"，也不是"产品"，而是极富个性的"精品"，这些"精品"会激发孩子心中美的种子。教师应该帮助孩子提升艺术能力，以艺术的形式呈现孩子的作品。

8. 终身发展，关系思维

人的发展是终身的，学习也是终身的。我们在进行环境创设时，应该思考这个环境对孩子的学习有什么帮助，能不能让孩子了解各种关系，可不可以为其终身发展打下好的基础……思考完这些后，你选择的材料就可能不一样了。有的材料可能是关于人与人关系的，有的材料可能是关于人与物关系的，有的材料可能是关于人与自己关系的。而这些关系又是扎根当地文化、面向未来社会需要的，这样的关系才是真正有利于孩子终身发展的。

班级是孩子在幼儿园重要的活动场所，班级环境直接决定孩子在幼儿园的学习与发展。我们应该结合幼儿园课程创立本班特色的环境，让孩子真正与环境互动起来。同时，班级环境的创设是一个动态的过程，我们应该结合课程关注孩子的需要，适时调整环境，帮助孩子与周围的人、事物、思想建立起良好的关系。

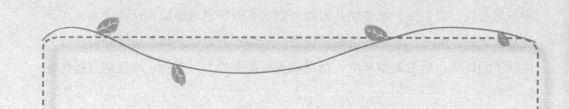

平等与专业，

重构积极、稳定的师幼互动关系

　　师幼互动是课程质量的核心。不同的课程，有不一样的师幼互动。结合人物己关系学和当前十大课程模式的师幼互动，我们阐述了本课程的师幼互动四大模型；同时结合心理学等多项实证研究，讲述了语言类和非语言类两大类型师幼互动策略。

教育的本质是人与人之间的关系。一种课程要真正对孩子产生影响，必须关注课程中的人，特别是教师和幼儿（师幼）的关系。这种关系的质量直接决定着教育的质量。《幼儿园教育指导纲要（试行）》指出："教师要关注幼儿在活动中的表现和反应，敏感地察觉他们的需要，及时以适当的方式应答，形成合作探究式的师生互动。"优质的师幼关系，直接体现了幼儿园的办学水平。经常有人问：什么样的幼儿园才是好幼儿园？其实，一所好的幼儿园，不仅仅在于幼儿园的先进理念、精美环境、优良师资等，更在于优质的师幼关系。看一所幼儿园是否优质，不用去班级听教师上课，只需要到幼儿园随处走一走，看一看教师和幼儿的关系，就会知道这所幼儿园的办学水平了。优质的师幼关系往往融入幼儿一日生活的点点滴滴，体现在师幼的言行举止之处。

讲到师幼互动，我们必然会想到两个关键词：平等与专业。平等是指社会主体在社会关系、社会生活中处于同等的地位，具有相同的发展机会，享有同等的权利。在师幼互动中，互动主体是教师和幼儿，双方在互动中同等重要、互为主体。有时是幼儿占主动，有时又是教师占主动，根据情况决定谁为主体，两者的关系是平等的。同时，师幼互动是一种交互作用和相互影响的过程，是教师与幼儿之间双向、交互的影响。在这种平等关系中，两者是有交互行为的，是能相互产生影响的。

再说"专业"。这种师幼互动是在特定情境下产生的，有特定的人、特定的关系，有可能还有特定的结果，而这些都离不开特定的"专业"。专业指向实际解决问题的能力，幼儿园教师是专业的教师。教师能不能解决幼儿园教育中出现的各种问题，直接体现了教师的专业性。在师幼互动中，教师要处理好与幼儿的关系，要以专业的理念与师德、专业的知识、专业的能力鹰架幼儿的学习与发展，与幼儿建立起积极、稳定的专业师幼互动关系。

一、师幼互动是什么

要想明白如何进行师幼互动，先要了解师幼互动的概念。师幼互动是指幼儿园教师与幼儿游戏和交流时产生的语言类与非语言类的会话。幼儿和教师共同参与会话，并且他们在对话中的参与分量是平衡相称的。从这个概念里，我们可以明显感受到师幼互动存在于幼儿一日生活的各个环节，从幼儿入园到幼儿离园，在幼儿园任何地方、任何时刻都存在师幼互动。

同时，师幼互动的形式也是多样的，可以是语言类的对话，也可以是非语言类的会话，如一个眼神、一个动作、一幅作品等。只要教师与幼儿之间产生了联系，就是一种互动形式。另外，在这种会话过程中，教师和幼儿是平等关系，并不存在"教师中心""幼儿中心"这种错误做法。这种平等关系还有一种含义：这种互动作用和影响是一个链状、循环的连续过程。教师和幼儿正是在这样一个连续的动态过程中不断交互作用与影响的。师幼互动包括师幼间的一切相互作用。

二、师幼互动的理论基础

师幼互动必然会涉及人，人是如何思考的？人是如何学习的？人的学习有哪些规律？……要真正解决这些教育问题，可能还要寻找心理学的帮助。

心理学是一门研究人类心理现象及其影响下的精神功能和行为活动的科学，兼顾突出的理论性和应用（实践）性。心理学包括基础心理学与应用心理学两大领域，其研究涉及知觉、认知、情绪、思维、人格、行为习惯、人际关系、社会关系等许多领域，也与日常生活的许多领域如家庭、教育、健康、社会等发生关联。

心理学作为一门科学，是从1879年德国学者冯特受自然科学的影响，在莱比锡大学建立第一个心理实验室，脱离思辨性哲学成为一门独立的学科开始的，这标志着科学心理学的诞生。100多年来，心理学形成了四大流派：精神分析心理学、行为主义心理学、人本主义心理学、认知心理学。

精神分析心理学产生于19世纪末20世纪初，创始人是奥地利精神病学家西格蒙德·弗洛伊德。1899年弗洛伊德出版的《梦的解析》，被认为是精神分析心理学的正式形成。该学派的理论根据来自对精神病患者诊断治疗的临床经验，重视异常行为的分析，并且强调心理学应该研究无意识现象。弗洛伊德认为人格是由本我、自我和超我构成的系统。无意识才是人的精神活动的主体，处于心理的深层，它是被压抑的或未变成意识的本能冲动。性欲则是人的所有本能冲动中持续时间最长、冲动力最强、对人的精神活动影响最大的本能。

行为主义心理学的创始人是美国心理学家约翰·华生。1913年，华生发表了题为《一个行为主义者所认为的心理学》的论文，这篇论文一般被认为是行为主义心理学正式成立的宣言。行为主义反对心理学研究意识，主张研究行为，把刺激—反应作为解释行为的公式。行为主义还反对内省，主张使用客观研究方法。行为主义极力主张客观研究方法，使心理学的研究更加自然科学化了。然而，行为主义完全否定了对人的心理、意识的研究，以行为和生理反应代替心理现象，把人与动物等同起来，以及分析行为的机械主义观点，又对心理学的发展产生了消极影响。行为主义只注重结果行为和引发这种行为的外界刺激，忽略了人的主观能动性作用。

人本主义心理学于20世纪50年代在美国兴起，代表人物是美国心理学家马斯洛和罗杰斯等。人本主义心理学认为，人的本质是好的、善良的，人有自由意志，有自我实现的需要。只要有适当的环境，他们就会力争达到某些积极的社会目标。人本主义反对精神分析，认为人是受无意识欲望驱使，并为实现这些欲望而挣扎的野兽。人本主义重视意识经验，认为人们的思想、欲望和情感这些内部过程与内部经验，才使他们成为各不相同的个体。人本主义反对行为主义认为只能相信可以观察到的刺激与反应。

认知心理学起源于对行为主义心理学的反对。一般认为，乌尔里克·奈塞尔1967年写出第一本《认知心理学》著作时，才正式建立"认知心理学"这一心理学的新方向。其主要理论是信息加工理论，所以又称"信息加工心理学"。认知心理学把人的心理活动看作信息处理系统，由感官收集的信息，经过分析、储存、转换并加以利用。这些活动叫作信息加工过程。

广义的认知心理学也包括让·皮亚杰学派。该学派由瑞士心理学家皮亚杰始创，并建立了"发生认识论"。皮亚杰的认知发展理论摆脱了遗传和环境的争论与纠葛，旗帜鲜明地提出内因和外因相互作用的发展观，即心理发展是主体与客体相互作用的结果。皮亚杰认为，智力是一种适应形式，具有动力性的特点。随着环境和有机体自身的变化，智力的结构和功能必然不断变化，以适应变化的条件。

人物己关系学课程体系主要借鉴了行为主义心理学、人本主义心理学、认知心理学的相关理论，马斯洛、皮亚杰、维果斯基的相关理论已经介绍过了，这里重点介绍一下新行为主义的主要代表人物之一，社会学习理论的创始人、美国当代著名心理学家阿尔伯特·班杜拉。他所提出的社会学习理论是在与传统行为主义的继承和批判的历史关系中逐步形成的，他认为源于直接经验的一切学习现象实际上都可以依赖观察学习而发生，其中替代性强化是影响学习的一个重要因素。

班杜拉的社会学习理论包含观察学习、自我效能、行为适应与治疗等内容。班杜拉认为，儿童社会行为的习得主要是通过观察、模仿现实生活中重要人物的行为来完成的。任何有机体观察学习的过程都是在个体、环境和行为三者相互作用下发生的，行为和环境是可以通过特定的组织而加以改变的，三者对于儿童行为塑造产生的影响取决于当时的环境和行为的性质。按照班杜拉的理解，对于有机体行为的强化方式有三种：一是直接强化；二是替代强化；三是自我强化。

人物己关系学课程体系认为，儿童的学习既受直接经验的影响，又受间接经验的限制。在学习过程中，要充分考虑外在影响力、内在主动性的相互关系，还有关系学习三要素（外在影响、交互行为、鹰架支持）的影响，它们的相互作用在不同情境下产生的学习效果是不一样的。

三、主流课程的师幼互动

一个完整的课程体系包含课程的文化背景、价值取向、目标体系、内容体系、实施体系和评价体系六个方面。不同的课程，价值取向是不一样的，师幼关系有可能也是截然不同的。当前，在我国比较流行的有十大课程模式，我们通过比较不同课程模式的师幼互动，了解师幼互动的共性与异性，这对于师幼互动的建设是大有裨益的。

1. 意大利瑞吉欧方案教学

洛利斯·马拉古兹和当地的幼教工作者一起兴办并发展了该地的学前教育。他们主张，儿童的学习不是独立建构的，而是在诸多条件下，主要是在与家长、教师和同伴的相互作用过程中建构的。教师和孩子的关系，就像打乒乓球一样。在项目研究过程中，孩子把"球"（问题）打过来，老师把"球"接住以后就思考该如何把"球"打回去：平着打还是吊着打，快速打还是慢慢打，交叉打还是对边打……这些都需要教师去思考。"球"打回去后，孩子又把"球"打回来，教师再次思考如何接打"球"。整个研究过程，教师和孩子的关系就像打乒乓球一样来回进行。

2. 蒙台梭利教育

蒙台梭利认为，儿童具有巨大的潜能，他生命的发展是走向独立的。通过具体的练习如生活基本能力练习、五官感觉练习、智能练习（语言、数学、科学）等形式，形成健全人格的基础。丰富的教材与教具是孩子工作的材料，孩子通过"工作"，从自我重复操作练习中建构完善的人格。不同年龄的孩子会相互模仿、学习，为使孩子养成乐于助人的良好社会行为，教师需要扮演协助者的角色。教师只有对孩子的心灵世界有深刻的认识与了解，对孩子发展的状况了如指掌，才能提供对孩子适性、适时的协助与指导。由此可见，蒙台梭利相信孩子有无限的自我学习能力，他们通过教具进行"工作"，教师主要是协助者，师幼互动比较少。

3. 华德福教育

华德福教育是鲁道夫·史代纳根据自创的人智学理论创建的。华德福教育是一种以人为本，注重身体和心灵整体健康和谐发展的全人教育，主张按照人的意识发展规律，针对意识的成长阶段来设置教学内容，以便于人的身体、生命体、灵魂体和精神体都得到恰如其分的发展。通过华德福教育，可以帮助成人和孩子的身心健康平衡地成长，在学习科学知识和生活技能的同时，丰富心灵情感，不断地探索人生以提升人文精神，成为精神意义上独立和自由的人。华德福教育基于对发展中的儿童本质的了解，认为儿童在不同阶段有不同的身心发展任务，同时每一个儿童又有其与生俱来的独特潜能与生命使命。因此，教师在备课、进行教学之前，必须通过各种方式达成对儿童发展的了解，如此才能满足儿童各阶段的身心灵发展要素，并支持每个儿童独特的个体发展。这就要求教师在身心灵理念指引下，充分了解每个孩子，与孩子进行充分互动。

4. 多元智能教育

多元智能教育由美国教育学家和心理学家加德纳博士提出，是一种全新的人类智能结构的理论。他认为人类思维和认识的方式是多元的。每个人身上至少存在八项智能，即语言智能、数理逻辑智能、音乐智能、空间智能、身体运动智能、人际交往智能、自我认识智能、认识自然智能。多元智能中的各种智力不是以整合的方式存在，而是相对独立的，各自有着不同的发展规律并使用不同的符号系统。每个孩子都或多或少地具有八种智力，只是其组合的方式和发挥的程度不同。每个孩子都有自己的优势智力领域，都具有自己的智力特点、学习风格类型和发展特点。只要教育得法，每个孩子都能成为某方面的人才，都有可能获得某方面的专长。这就要求教师借助八大智能理论，分析每个孩子身上的八大智能组成，因材施教。

5. 项目教学

项目教学指的是教师与幼儿围绕一个主题进行的有趣且有意义的长期研究活动。项目教学一般分为三个阶段开展，每个阶段都有其固定的任务。整个项目教学的基本思路就是：提出问题、研究问题、解决问题。项目教学法最显著的特点是"以项目为主线、教师为引导、学生为主体"，改变了以往"教师讲，学生听"的被动教学模式，创造了学生主动参与、自主协作、探索创新的新型教学模式。在项目教学中，师生共同研究一个主题，围绕核心问题展开探讨，研究过程是一个教学相长的过程，师幼互动比较频繁，师幼关系和谐融洽。

6. 高瞻课程

高瞻课程诞生于20世纪60年代的美国，由美国著名心理学家戴维·维卡特和他的团队创立，该方案已经成为一个在世界范围内有较大影响的教育方案。在我国被译为"高瞻课程""海伊斯科普课程"。高瞻课程是以"主动学习"为核心，通过能够满足幼儿不同需求的环境创设、稳定而又灵活的一日常规、客观全面的幼儿逸事记录、教师鹰架孩子成长的师幼互动策略，最终实现幼儿八大领域五十八条关键发展指标全面发展的一套完善的教学模式和课程体系。它依循的主要理论是皮亚杰的儿童发展理论，把儿童视为主动学习者，儿童通过自己的计划、工作和反思进行学习。这个课程非常重视师幼互动，把师幼互动作为实现其核心价值取向（主动学习）的重要保障，并且还研发了一套具有较强操作性的师幼互动策略。

7. 森林幼儿园

森林幼儿园目前在欧洲、日本等地有一种学前教育正在流行，即"森林幼儿园"。只要天气允许，老师就会带着孩子们在室外活动或到周边森林来一场郊游，森林是孩子们的主要课堂，孩子们在森林中通过"玩耍""观察""实践"等方式提问、思考、讨论及获取答案。孩子们在森林幼儿园里，大部分时间是在户外，他们会登山、奔跑、爬树、玩泥巴，观察四季的天气、温度、土壤等的变化。在森林幼儿园里，孩子们尽情玩耍，感受大自然的魅力，学习主动思考，释放天性。在这种课程模式下，教师的主要职责就是保护孩子的安全，同时教授一些基本的生存技能，让孩子充分与大自然接触。

8. 安吉游戏

"安吉游戏"是安吉幼儿园游戏教育的简称，它以"让游戏点亮儿童的生命"为信念进行了一场游戏革命。安吉游戏以爱、冒险、投入、喜悦、反思五个关键词为准则，不断为儿童的真游戏和真学习创造条件，把真游戏还给儿童。在这场游戏革命中，我们看到了儿童游戏的权利，有了这个权利，教育就有了生命。

9. 单元主题教学

单元主题教学是根据课程目标，确立若干个教学主题，教师遵循孩子学习的一般规律，以主题为线索，开发和重组相关的教学内容，进行连续课时单元教学的教学方式。全国各地很多幼儿园都在使用各省教育部门编写的统一教材，这种教材就是单元主题教学。把每个学期分成五个单元，每个单元又分成4周，这4周的教学都是关于一个主题的五大领域的内容。在这种课程模式下，教师预设的活动比较多，幼儿生成的活动比较少。

四、师幼互动策略的模型

"策略"指计策、谋略。人物己关系学课程体系中的师幼互动策略指的是在幼儿园活动中，教师和幼儿为了共同的发展制订一些相互作用的方案，并且在活动过程中随时根据双方的需要提出新的方案，最终实现发展目标。在幼儿园，师幼互动的主体就是教师与幼儿，我们可以从教师的控制性与幼儿的主动性两个方面四个维度来思考问题，把师幼互动策略分为四种模型。具体如下图所示。

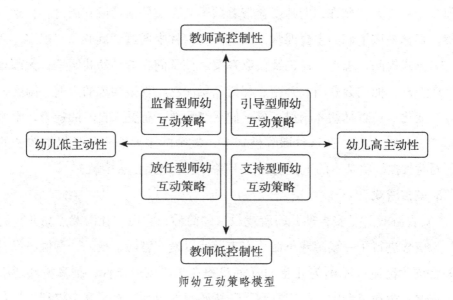

师幼互动策略模型

1. 监督型师幼互动策略

在这种策略下，教师处于高控制性，幼儿处于低主动性。教师与幼儿之间，教师是主体，幼儿是被动的。师生关系比较紧张，教师的主要目的是实现自己制定的目标，教师与幼儿之间主要是通过语言进行交流。这种师幼互动策略在学科性活动中比较常见。

2. 引导型师幼互动策略

在这种策略下，教师处于高控制性，幼儿处于高主动性。教师与幼儿之间，教师是主体，幼儿是次主体，师生关系比较融洽。教师为了达到预定的目标，想方设法地调动幼儿参与游戏的兴趣，通过语言、操作材料等形式加强与幼儿的互动。这种师幼互动策略在教师预设的活动中比较常见。

3. 支持型师幼互动策略

在这种策略下，教师处于低控制性，幼儿处于高主动性。教师与幼儿之间，幼儿是主体，教师是跟随者，师生关系融洽、关爱氛围浓厚、互动性强，幼儿的活动主要是通过材料进行，教师主要的策略是提供鹰架。这种师幼互动策略在以幼儿为主的活动中比较多见。

4. 放任型师幼互动策略

在这种策略下，教师处于低控制性，幼儿处于低主动性。教师与幼儿之间没有什么关系。师生关系比较松散，教师在保证安全的前提下，让幼儿自由选择活动，不利于师幼关系的提升。这种师幼互动策略在幼儿园非正式组织的活动中比较常见。

五、师幼互动的若干策略

师幼互动涉及的内容非常广泛，包含教师与幼儿之间发生的各种形式、各种性质和各种程度的相互作用和影响。这些作用和影响直接影响着师幼互动的策略，我们按照前面师幼互动的定义，整体上可以把这些策略分为语言类互动策略和非语言类互动策略。

（一）语言类师幼互动策略

语言是交流和思维的工具。幼儿期是语言发展特别是口语发展的关键期。幼儿语言的发展贯穿于各个领域，也对其他领域的学习与发展有着重要的影响。教师在与幼儿进行沟通和交流时，可以使用以下几个策略。

1. 尽量少问幼儿问题

幼儿处于发展中，各方面还不成熟，但是他们也有自己的思想。教师在与幼儿交往时，一方面往往担心幼儿不会讲、不敢讲、讲不明白等，教师就不停地问幼儿问题，没有给予幼儿思考的空间，这反而限制了幼儿的发展。另一方面不停地问幼儿问题，幼儿回答不上来时，就容易产生挫败感，不愿意与教师交往。

2. 认可幼儿所说的话

幼儿身心处于迅猛发展期，他们思维活跃，想象丰富，往往与我们成人所想的不一样。例如，一名幼儿拿了一幅画来到老师面前，老师问："你画完了？"幼儿："是的。"老师指着画上的一个"云朵"讲道："这个'云朵'太孤单了，再画一个吧。"幼儿："这不是'云朵'，这是小鸟。"老师幡然醒悟，自己理解错了，马上讲道："小鸟怎么啦？"幼儿："小鸟……"认可孩子的话，师幼关系就会越来越融洽。

3. 描述幼儿的行为

幼儿的语言处于发展期，有时幼儿不能用准确、完整的语言表达他们的想法，教师可以帮助他们提升语言表达水平。例如，一名幼儿正在用积木盖房子，教师观察了一会儿，觉得有必要鹰架一下这名幼儿的学习。于是，教师走了过去。教师问："你在做什么？"幼儿："我在……"此时，幼儿不知道用什么词语表达他的行为。教师补充道："你在用积木盖房子。"幼儿笑道："用积木盖房子。"

4. 使用评论来开启对话

幼儿思维处于自我中心阶段，经常以自我为中心，边做边想，不关注身边的人、事、思想。教师参与他的活动时，可以使用"评论"来开启与幼儿的对话。例如，餐后活动，一名幼儿正在用雪花片搭一架飞机。开始的时候，老师问："你在做什么？"幼儿："做飞机。"老师走开了，去观察别的小朋友。过了5分钟，老师又走回来，看见这个小朋友的飞机快做好了，老师："你在做什么？"幼儿："我在做……"想不起来了。老师："刚刚你讲过，做飞机。"幼儿马上说道："做飞机。"看到没有做机尾，老师说道："这架飞机还差什么？"幼儿不能回答，于是师幼一起讨论飞机的结构。

5. 顺应幼儿会话内容

幼儿随着年龄的增长，逐步有了自己独特的想法。教师要尊重幼儿的思想，顺应幼儿的想法，才能真正与幼儿一起玩耍，建立良好关系。例如，户外活动时间，两名幼儿，一名扮演奥特曼，一名扮演怪兽，教师观察了一会儿，觉得有必要加入他们的游戏。教师说："我是奥特曼。"说着还做起了动作。一名幼儿说："你不是奥特曼，你是怪兽。"教师马上改口："我是怪兽。"就这样，教师轻易地加入了幼儿的游戏。

（二）非语言类师幼互动策略

幼儿园时时刻刻都应有师幼互动，只要有教师和幼儿，就会产生师幼互动，就有策略。在孩子玩游戏的过程中、在孩子得到教师的表扬时、在孩子情绪失控时、在孩子与别人发生冲突时……这些都属于非语言类的师幼互动策略。

1. 幼儿游戏中的师幼互动策略

游戏是幼儿自愿、自发、自主的活动。支持幼儿游戏的师幼互动策略既要支持幼儿的情感和认知发展，又要尊重幼儿的学习方式和进程。以下从皮亚杰幼儿游戏发展的四个阶段提出具体的策略。

（1）探索游戏的互动策略。教师可利用材料与探索游戏中的幼儿发生互动。探索游戏中，幼儿表现出对材料明显的依赖。在幼儿表现出需要时，教师敏感地觉察到幼儿的需要。教师通过为幼儿提供探索操作材料来支持幼儿的游戏。

（2）建构游戏的互动策略。教师利用平行游戏与建构游戏中的幼儿发生互动。教师用与幼儿同样的姿势、同样的高度，利用同样的材料，在同样的地点，做出同样的行为。平行活动是教师对幼儿的模仿活动，教师与幼儿建立同感的连接。教师的平行加入是对幼儿活动表达认可与重视的行为。

（3）假想游戏的互动策略。教师以扮演角色的方式与假想游戏中的幼儿进行互动。例如，教师扮演病人，幼儿扮演医生；幼儿拿着纸球说这是西瓜，教师做出吃的动作；等等。教师利用角色人物所期待的语气、表情、动作与幼儿发生角色之间的互动，以支持幼儿的假想游戏。

（4）规则游戏的互动策略。教师参与幼儿游戏，遵守幼儿制定的规则，并与幼儿分享控制。教师要在规则游戏中支持幼儿有目的的游戏。比如，在玩飞行棋中，幼儿讲只有骰子掷到6点的面才可以起飞一架飞机，教师虽然几次都没有掷到，但一定要遵守规则；跑步比赛起跑时，一定要等听到"跑"字才可以起跑；等等。

2. 多一些鼓励，少一些表扬

经常听人讲，孩子是夸大的，真是这样的吗？看看下面这个实验。

斯坦福大学著名发展心理学家卡罗尔·德韦克在10年中，和她的团队都在研究表扬对孩子的影响。他们对纽约20所学校400名五年级的学生做了长期的研究实验：让孩子们独立完成一系列智力拼图任务。

第一轮智商测试。测试题目是非常简单的智力拼图，几乎所有孩子都能相当出色地完成任务。每个孩子完成测试后，研究人员会把分数告诉他们，并附一句鼓励或表扬的话。研究人员随机地把孩子们分成两组，一组孩子得到的是一句关于智商的夸奖，即表扬。比如："你在拼图方面很有天分，你很聪明。"另一组孩子得到是一句关于努力的夸奖，即鼓励。比如："你刚才一定非常努力，所以表现得很出色。"（为什么只给一句夸奖的话呢？对此，德韦克解释说："我们想看看孩子对表扬或鼓励有多敏感。我当时有一种直觉：一句夸奖的话足以看到效果。"）

第二轮拼图测试。有两种不同难度的测试可选，他们可以自由选择参加哪一种测试。一种较难，但会在测试过程中学到新知识。另一种是和上一轮类似的简单测试。结果发现，那些在第一轮中被夸奖努力的孩子中，有90%选择了难度较大的任务。而那些被表扬聪明的孩子，则大部分选择了简单的任务。由此可见，自以为聪明的孩子，不喜欢面对挑战。（为什么会这样呢？德韦克在研究报告中写道："当我们夸孩子聪明时，等于是在告诉他们，为了保持聪明，不要冒可能犯错的险。"这也就是实验中"聪明"孩子的所作所为：为了保持看起来聪明，而躲避出丑的风险。）

第三轮测试。这一次，所有孩子参加同一种测试，没有选择。这次测试很难，是初一水平的考题。可想而知，孩子们都失败了。先前被表扬聪明的孩子，对失败产生了差异巨大的反应。那些先前被夸奖努力的孩子，认为失败是因为他们不够努力。（德韦克回忆说："被夸奖努力的孩子在测试中非常投入，并努力用各种方法来解决难题，好几个孩子都告诉我：'这是我最喜欢的测验。'"而那些被表扬聪明的孩子认为，失败是因为他们不够聪明。他们在测试中一直很紧张，抓耳挠腮，做不出题就觉得沮丧。）

第三轮测试中，德韦克团队故意让孩子们遭受挫折。接下来，他们给孩子们做了第四轮测试，这次的题目和第一轮一样简单。那些被夸奖努力的孩子，

在这次测试中的分数比第一次提高了30%左右。而那些被夸奖聪明的孩子，这次的得分和第一次相比，却退步了大约20%。

德韦克的实验重复了很多次。她发现，无论孩子有怎样的家庭背景，都受不了被夸奖聪明后遭受挫折的失败感。男孩女孩都一样，尤其是好成绩的女孩，遭受的打击程度最大，甚至学龄前儿童也一样，这样的表扬都会害了他们。

通过这个实验，我们应该明白：鼓励指向过程，表扬指向结果。在师幼互动中，我们应该多一些鼓励，少一些表扬。可以多问孩子一些开放式、发散式的问题，让孩子自己讲做了什么，是如何做的，下次还可以怎么做……引导孩子描述他们的努力，培养他们的成长型思维。

3. 做一个真正的倾听者

幼儿期是人生发展最迅猛的时期，同时也是人生发展最不稳定的时期。幼儿一方面处于"自我中心"；另一方面又要进行"利他教育"，再加上各方面发展不成熟，特别是人际交往能力比较薄弱，经常会与他人产生冲突或发生矛盾，这时成人的鹰架支持就显得格外重要，孩子需要一个真正的倾听者。

正如美国心理学家卡尔·罗杰斯所讲："印证式倾听包括聚精会神地倾听、对个体不加以判断，然后用你自己的话向他重复你认为他对你说的内容。"这一策略说明你接纳和关心诉说者，鼓励更多的充分表达。这种倾听方式，运用到幼儿园师生互动中，可以增进教师和幼儿之间的理解，有利于问题的解决和积极关系的建立。

印证式倾听主要有以下几个步骤：第一步是停止说话，倾听来自幼儿视角的问题。第二步是不要急于做出判断，找出幼儿的想法或感受。第三步是重申你听到的，用你自己的话，直到幼儿确认你的理解是对的。第四步是验证幼儿所关心的及其感受，表现你的关心。人物己关系学课程体系主张在印证式倾听的第四步之后，可以考虑添加一步，即鼓励幼儿思考如何做——体现你的真心。

4. 有效处理失控情绪

幼儿情绪的发展是有阶段性的，最开始可能是通过动作、简单语言表达情绪，慢慢学会了控制自己的情绪，最后是理解他人的情绪。同时，孩子的情绪又往往受孩子自身发展不成熟、外界不利环境的影响，极易产生波动，甚至失控。

面对情绪失控的孩子，教师可以采用"我的信息"控制好自己的情绪，说出你的感受。孩子们愿意听到教师的真实想法。通过表达自己的感受，我们会变得更诚恳，同时也不会伤害到孩子。这样我们就把注意力放在行为、情况、情绪上，而不是放在人上。这种方式有助于避免责备，并陈述需求和原因。

"我的信息"最早由托马斯·戈登博士创立的"戈登模式"中提出，"我的信息"的构成要素有以下三部分：对不可接纳行为的描述；你的感受；这个行为对你造成的实际而具体的影响。以上三点可以简单归纳为这一模式：我的信息=行为+感受+影响。

六、师幼互动的几点建议

关于师幼互动，我们提出几点建议。

1. 师幼互动是一个缓慢的过程，不可急进

我们知道幼儿期的孩子发展迅速，但又极其不稳定，所以教师和孩子要建立起一种很强的亲密关系，是需要日积月累的。一是要给予孩子安全感，安全感的建立需要教师和幼儿共同努力。二是要有一定的策略去支持孩子的学习，帮助孩子提升情绪发展水平。三是要和孩子建立起一种信任，做到个体关注。只要教师用爱心、耐心、细心跟孩子相处，再加上专业的"专心"，那么教师和孩子的信任肯定会建立起来。而这种持续、稳定的社会关系，需要教师坚韧不拔的努力。只要有信心，肯付出，孩子肯定会回报教师的。

2. 师幼互动必须关注幼儿的心理营养

马来西亚籍华人林文采博士提出五大心理营养。第一个心理营养：0~3月，无条件地接纳。第二个心理营养：不是永远，但至少此时此刻，在你的生命中，我最重要。第三个心理营养：安全感。4个月至3岁，我要安全感，要爸爸妈妈的关系是稳定的。妈妈最大的功能是给予孩子安全感。第四个心理营养：肯定、认同、赞美。4~5岁的孩子最需要的是"肯定"。在肯定和认同这个部分，父亲的重要性要大过母亲。第五个心理营养：学习、认知、模范。6~7岁的孩子需要学习的模范。作为专业的幼儿园教师，在孩子们发展的不同时期，要给予不同的关注，注意年龄差异性，做到教育的个性化。

3. 师幼互动过程中注意孩子的四类游戏，不同游戏处理方法不一样

教育家陈鹤琴先生说过："小孩子生来是好动的，是以游戏为生命的。"我们要正确认识游戏的价值，把游戏贯穿于幼儿的一日生活之中，明白不同的游戏有不同的鹰架方法。同时，不同游戏的处理方法也有可能交叉，教师在实际教育教学过程中不要过于死板，要结合实际情况创新地开展鹰架策略。

4. 师幼互动不仅限于教学活动之中，一日生活中都要进行

一日生活都是课程，同样，一日生活都要师幼互动。有教师和孩子的地方，就有师幼互动。我们应该把语言类和非语言类师幼互动策略运用到幼儿一日生活中，引导孩子与教师建立良好的师幼关系。

5. 相信孩子的力量

孩子总是天真无邪、充满童真的，我们相信每一个孩子只要耐心地跟他相处，再加上适宜的策略，总会打动他，与他建立良好的师幼关系。曾经有这样一个孩子，从小班开始，他每一次看到某位老师扭头就跑。但是那位老师一直坚持，每次看到那个孩子就主动跟他打招呼。等那个孩子到了大班的时候，他看到那位老师不再跑了，还很喜欢跟那位老师一起玩。所以只要教师有恒心，蹲下来与孩子相处，就会发现每个孩子都是善良的，每个孩子都是有优点的，每个孩子都是有力量的，每个孩子都有学习的潜能。我们要相信孩子，他可以跟我们建立起积极、稳定的师幼互动关系。

6. 教师要不断总结经验，运用师幼互动策略

教师的成长是需要一个过程的，专业知识转化为专业能力也是需要时间和实践的。就像游泳一样，你可能非常清楚如何游泳，但是你不下水，可能永远都不会游泳。前面我们讲的师幼互动策略，需要教师在教育教学一线实践，内化为教师的个人认知并不断实践，才是有效的。

7. 教师要了解孩子的需要

我们教育孩子，首先要懂孩子，要了解孩子的需要。心理学的四大流派为我们了解孩子提供了许多思路，特别是人本主义代表人物马斯洛提出的需求层次理论。人的需求由生理需求、安全需求、爱和归属感、尊重、自我实现五个等级构成。教师首先要做好一名观察者，观察孩子的需要，再做孩子学习的支

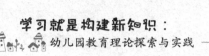
持者、合作者、引导者。

8. 教师要多关注孩子的学习故事

孩子的发展是一个过程，是一种真实的状态。"学习故事"是一种用叙事的形式对儿童学习和发展进行评价的方式。它分为三个部分。

（1）注意——主要描述孩子的实际行为及情境，回答"是什么"的问题。

（2）识别——主要分析该情境中孩子"什么样的学习有可能发生"，回答"为什么"的问题。

（3）回应——是教师计划"如何支持孩子在这方面的学习"，回答"怎么办"的问题。

教师要善于结合"学习故事"来鹰架孩子的学习与发展，把关系学习的核心价值取向渗透到和孩子的相处中，进而建立积极、稳定的师幼互动关系。

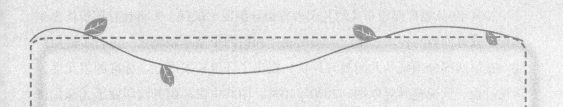

客观与整体，

专业评价学前儿童学习与发展

幼儿评价是课程体系的重要组成部分，没有评价就没有课程。幼儿评价有别于中小学评价，它以过程评价为主、以结果评价为辅，主张通过客观的幼儿作品、幼儿逸事来全面记录幼儿的学习与发展。同时，评价必须借助专业的评价量表，本书中介绍了三种流行的评价工具。

2001年9月教育部颁布《幼儿园教育指导纲要（试行）》将教育评价作为和总则、教育内容与要求、组织与实施相并列的四个基本领域之一进行了专门阐述。在第四部分围绕幼儿园教育评价，提出了评价的发展性、标准的多元性、重视过程、重视差异等原则。2020年10月，中共中央、国务院印发了《深化新时代教育评价改革总体方案》，指出："教育评价事关教育发展方向，有什么样的评价指挥棒，就有什么样的办学导向。"经过5～10年的努力，各级党委政府科学履行职责水平明显提高，各级各类学校立德树人落实机制更加完善，引导教师潜心育人的评价制度更加健全，促进学生全面发展的评价办法更加多元，社会选人用人方式更加科学。到2035年，基本形成富有时代特征、彰显中国特色、体现世界水平的教育评价体系。由此可见，教育评价越来越受到重视。

人物己关系学课程体系既重视课程的整体评价，也重视幼儿评价，并把幼儿评价作为教育评价的重要组成部分。课程评价包含的内容非常广泛，主要涉及幼儿一日生活的组织、学习环境的创设、师幼关系的建立、幼儿评价、家长参与、教师培训、课程管理等几个方面。而幼儿评价主要涉及幼儿在课程体系下各个领域的学习与发展。

讲到幼儿评价，会想到两个关键词：客观与整体。

1. 客观

客观相对于主观而言，解释是外观。观察事物的本来面目而不加上个人意见，独立于意识或精神而存在。人物己关系学课程体系中的"客观"主要指向于孩子与人相处、与物互动，具体表现就是客观逸事和客观作品。教师要结合课程的发展，综合逸事与作品，全面客观地反映孩子的学习与发展。

2. 整体

整体是指由事物的各内在要素相互联系构成的有机统一体及其发展的全过程。《幼儿园教育指导纲要（试行）》指出："幼儿园的教育内容是全面的、启蒙性的，可以相对划分为健康、语言、社会、科学、艺术等五个领域，也可作其他不同的划分。各领域的内容相互渗透，从不同的角度促进幼儿情感、态度、能力、知识、技能等方面的发展。"美国的高瞻课程把幼儿园的教育内容划分为八大领域，《作品取样系统》把幼儿园的教育内容划分为七大领域，人物己关系学课程体系把教育内容划分为六大领域，在国家五大领域的基础之上增加了一个"学习品质"。不管是哪一种划分方法，都坚信儿童的发展是一个整体，各领域之间、目标之间是相互渗透和整合的，都是为了促进幼儿身心全面协调发展。教师在评价幼儿时，应该全面了解幼儿各个领域的发展，进而做好"整体"评价。

幼儿评价不同于中小学学生评价，由于受幼儿身心发展特点的影响，幼儿评价更多的应该是一种过程评价，并且这种过程评价必须借助专业的幼儿评价量表进行。

一、评价步骤

教师要专业评价幼儿的发展，必须掌握科学的评价步骤，才能做到事半功倍。在人物己关系学课程体系中，我们主要按照以下步骤来评价幼儿：①在日常生活中观察幼儿；②客观收集作品、记录逸事；③根据评价量表为收集信息评分；④检查回顾收集信息的稳定性、整体性；⑤根据评价量表为全班幼儿编辑数据；⑥使用数据和家长、同行、管理人员等评价幼儿的学习与发展。

1. 在日常生活中观察幼儿

幼儿的发展受多方面因素影响，要想真正了解幼儿，必须在自然状态下观察幼儿。由于受课程价值取向的影响，不同的评价量表在观察幼儿时的领域模块不一样。本课程把幼儿的学习内容相对划分为：学习品质、健康、语言、社会、科学、艺术，因此我们是从这六个领域去观察幼儿的。

2. 客观收集作品、记录逸事

本课程主张的三大超学科主题是人与人、人与物、人与己，在收集幼儿学习信息时，我们认为可以从幼儿作品、幼儿逸事两个角度收集素材来佐证这三大主题，并为评价幼儿做好准备。幼儿作品主要涵盖人与物的主题内容，幼儿逸事主要包括人与人、人与己的内容。

3. 根据评价量表为收集信息评分

通过前面两个步骤收集来的信息，我们将会使用评价量表进行评分。

幼儿作品主要使用《作品取样系统：教室里的真实性表现评价》进行评分，幼儿逸事主要使用《高瞻课程的理论与实践：学前儿童观察评价系统（COR Advantage）》进行评分。

4. 检查回顾收集信息的稳定性、整体性

由于幼儿发展的变化性太强，我们收集到的信息可能只是幼儿某一刻的行为，有时需要我们再一次观察幼儿，以求能真实反映幼儿的发展。另外，我们还要注意到幼儿发展的整体性，通过量表思考，是不是幼儿发展的所有领域都观察到了？如果没有，请再次回到幼儿身边，收集信息、评分，最后保证评价的完整性。

5. 根据评价量表为全班幼儿编辑数据

量表本身讲究的就是数据的信度与效度、科学性与有效性，通过前面的评分，我们已经收集到了大量数据，应该根据量表要求对这些数据进行处理，进而真实反映幼儿的发展情况。

6. 使用数据和家长、同行、管理人员等评价幼儿的学习与发展

有了数据之后，就要使用数据。这些数据可以与家长交流幼儿的个性发展，可以与同行分析幼儿的普遍发展规律，可以向管理人员展示幼儿的发展水平……但这里要特别强调的是，数据只是幼儿发展某一阶段的反映，我们应该以变化的视野看待幼儿的发展。

二、客观记录

本课程非常重视评价的客观性，要求收集的幼儿作品、幼儿逸事必须是客观的，不能带有教师的主观性。

1. 幼儿作品

幼儿作品一般指幼儿通过创作活动产生的文学、艺术、科学等方面的智力成果，这种成果的表现形式是多样的，可以是平面的，也可以是立体的，还可以是多体组合的。例如，一幅画、一辆积木搭建的小汽车、一组小区生活圈等。幼儿作品的材质也是多样的，可以是纸张类，可以是陶泥类，可以是木工类，也可以是多材质组合类等，没有固定的要求。同时，这个作品可以是一个人制作的，也可以是一组幼儿共同制作的，还可以是全体幼儿制作的。例如，一个幼儿的美术作品、一组有共同学习兴趣的幼儿一起画的一个花园、全班幼儿一起画的春天等。

幼儿作品一般都产生于特定情境下，所以客观的幼儿作品应该具有主题性。幼儿作品是幼儿创作的，这个作品具有一定的代表性，所以客观的幼儿作品应该具有思想性。幼儿创作作品是结合幼儿自身经验和水平产生的，这些作品必然带有独创性。教师在收集幼儿作品时，一定要关注这三个特点。同时还要注意不要去修改幼儿的作品，可以帮助幼儿给作品添加文字备注。

2. 幼儿逸事

幼儿逸事主要指发生在幼儿身上的各种事情，涉及人与人、人与己的关系。它关注幼儿在一日生活中的所做所说，遵循事实，内容具体，表达简洁。一般分为三个部分：开头、中间、结尾。开头要求明确时间、地点、人物，中间要求描述幼儿的所做所说，结尾要求陈述结果。例如，某年某月某日，游戏时间，明明和强强在娃娃家。明明："我是医生。"强强："我生病了。"明明左手摸着强强的额头，讲道："没有发烧。还有哪里不舒服？"强强："我好了，我们走吧。"明明和强强一起走了。这个事件分三个部分，简单明了，没有添加教师的任何主观想法，这样才是客观。这种客观的逸事才能真正反映幼儿的发展水平。

三、观察量表

量表的种类非常多，在幼儿园我们一般采用行为观察量表。这种量表是一种人事评价工具，最早源于"关键事件评价法"。先由大量评价者对某些关键行为进行描述，然后专家通过讨论，抽出有用的项目并建立评价等级，形成量表。这种量表的建立需要大量的数据，并且需要进行信度、效度检验。

本课程主要借鉴了北京师范大学刘焱教授主编、北京师范大学出版社出版的《中国幼儿园教育质量评价量表》，山姆·麦索尔斯主编、南京师范大学出版社出版的《作品取样系统：教室里的真实性表现评价》，美国高瞻教育研究基金会著、北京师范大学霍力岩教授等译、教育科学出版社出版的《学前儿童

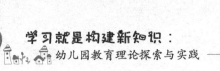

观察评价系统》。这三部著作为我们观察了解幼儿提供了有力的保障。

1.《中国幼儿园教育质量评价量表》

《中国幼儿园教育质量评价量表》（套装共3册）包括3份量表：《中国幼儿园教育质量评价量表（城市版）》《中国幼儿园教育质量评价量表（城乡版）》《中国幼儿园教师班级保教工作质量评价量表》，2019年1月由北京师范大学出版社出版，由我国学前教育专家刘焱教授领衔的研究团队历经10余年倾力打造。该套量表已应用于多项国家、省部级科研课题和区域幼儿园教育质量评价提升项目，其科学性和有效性得到广泛验证。该套量表符合中国学前教育政策的价值导向，能够有效地区分幼儿园教育实践的质量水平，具有较高的文化适宜性和实践操作性，是评价监测和改善提升幼儿园教育质量的有效工具。

该套量表以《幼儿园教育指导纲要（试行）》《幼儿园教职工配备标准（暂行）》《幼儿园教师专业标准》《幼儿园工作规程》等政策文件为指导，在广泛征求幼儿园园长和保教工作人员意见的基础上形成，适合当前我国学前教育改革与发展实际，具有较强的引领性和可操作性。该工具考察的是幼儿园教育质量，包括静态的条件质量和动态的过程质量。每份量表分为多个子量表，从环境的创设与利用、一日生活的组织与保育、游戏活动的支持与引导、教育活动的计划与实施、人际互动等方面，分五个等级提供评价指标。

这套量表虽然介绍的是幼儿园教育质量的评价，但也有不少内容涉及幼儿评价，同时该量表还是我国学者自主研发出版的幼儿园教育质量评价工具，结合了我国的国情，有较强的文化适宜性，我们做课程建设时可以吸收借鉴。

2.《作品取样系统：教室里的真实性表现评价》

该系统是一种真实性表现评价，目的在于协助教师运用教室内真实的经验、活动与作品来记录并评价孩子的技巧、知识和行为。同时该系统也是一种融入课程的评价，通过孩子在解决问题、搭建积木、进行实验或与同伴互动时所展现的所知所能，让老师更了解班上的孩子。以往的评价仅提供学生在某一个特定时间、某一个狭隘学科上所做的"快照"式表现，《作品取样系统：教室里的真实性表现评价》的设计则不同，它是一种持续进行的过程，目的在于改进教师的教与学生的学，有利于课程的平衡。

作品取样系统包含三个基本要素：发展指引与发展检核表、作品集和综合报告表。该系统的三个子系统形成一个整体："发展指引与发展检核表"以教师期望与国家标准为评价标准，记录儿童的成长；"作品集"以视觉的方式呈现儿童作品的质量及儿童跨时间的进步；"综合报告表"将上述资料统整于一张精确的报告表，不仅学生家长能了解，行政主管也能运用。

儿童用他们的行动及语言告诉我们很多有关他们是谁、他们知道什么、他们如何想的信息。长时间仔细地观察能帮助我们发现儿童个人的强项与弱项，不仅发现儿童知道什么，还包括他们如何知道，即他们思考及学习的历程。观察与记录是成功使用作品取样系统的基础，作为专业教师，我们应为每个儿童建立一个"教师档案"。在教师档案中，教师借用观察记录表从个人与社会发展、语言与文学、数学思考、科学思考、社会文化、艺术、体能发展与健康等七个领域观察、评价孩子。

档案是有目的地收集学生的作品。把学生的代表作品收在档案里，是一种记录学生知识、技能、成就和学习方式的有效方法。《作品取样系统》的档案提供学生作为一名学习者的概况图，展现每个学生作品的独特性，述说着学生的学习历程。它由两种项目组成：核心项目与个人项目。核心项目用来显现学生跨时间的成长及学生在不同课程领域的作品的质量，它包含语言与文学、数学思考、科学思考、社会文化和艺术五个领域；个人项目则用来展现儿童个人的独特之处以及用来反映学生统整课程领域的作品。学生与教师共同参与档案的设计、选择与评价。

综合报告全面呈现一个阶段学生的学习与发展，综合教师档案与幼儿档案的观察评分，从七大领域、若干指标介绍学生的阶段成长、优势发展及需要提升的领域，并配以客观的作品或逸事加以佐证，同时结合学生的发展状况提出下一步鹰架学生发展的计划。

3.《高瞻课程的理论与实践：学前儿童观察评价系统（COR Advantage）》

《高瞻课程的理论与实践：学前儿童观察评价系统（COR Advantage）》从八个领域对从婴儿期到幼儿园阶段的儿童的早期发展做出评价，这八个领域包括学习态度、社会和情绪发展、健康、语言以及数学、艺术、科技和社会学习。有需要的时候也可以用第九个领域——英语语言学习来进行评价（适用于母语不是英语的幼儿）。这八大发展领域中所包含的三十四个项目（以及两个针对英语学习的项目）涵盖了儿童早期发展中的关键评价点。基于观察者（如教师、看护者、父母或研究员）长时间地对一个儿童进行客观的逸事记录，每个评价项目的打分都分为0级（最初发展级别）到7级（最高发展级别）八个级别。

量表级别根据客观的逸事记录，每条评分项均有八个级别。级别打分从0到7。0为最初发展级别，7为最高发展级别。通常来说：婴儿与学步儿——考虑级别0~3，学前儿童——考虑级别2~5，幼儿园儿童——考虑级别4~7。

该量表与高瞻课程的八大领域五十八条关键发展指标对应，主张通过平时观察的客观逸事来评价三十四个评分项目，每个项目都要经过若干客观逸事来证明。学期末，教师为每个孩子撰写一份《儿童发展评估报告》，这份报告从八大领域三十四个项目来全面评价孩子的发展，并且每个项目有一个客观逸事佐证。同时，还要求家长也填写孩子在家里的家庭观察与家庭策略。

《高瞻课程的理论与实践：学前儿童观察评价系统（COR Advantage）》还非常重视家长参与幼儿评价，定期举办家庭会议，并提出一些举办会议的建议，如：在舒适安静的场所举办家庭会议；使用政府文件和其他文件合辑作为谈话的依据；会议过程中可以稍做暂停，允许与会家庭分享观察结果和故事；一起制定策略，支持幼儿学习；简略记录可供遵循的家庭贡献及想法等。

四、家园共育

幼儿园阶段与教育体系中的其他学年段有着非常不一样的特点，就是家长工作在孩子的教育中异常重要，幼儿园不仅要开展幼儿教育，还要重视家长工作，引领家长成长。对于幼儿来讲，家园共育才是最有效的教育。

在幼儿评价这一方面，我们也需要进行家园共育。一方面，我们借助专业的幼儿观察量表，了解了幼儿的真实发展水平，这个发展状况我们需要向家长反馈，以便家园协同一致开展工作。另一方面，家长也需要通过一定的手段了解孩子在园发展情况，可以让家长了解各种观察量表，甚至可以让家长在家借助量表对幼儿进行观察，并把观察的作品、逸事反馈给教师，以求评价的整体性。

教师在使用评价量表进行家园共育时，要特别注意几个问题：一是坚持过程评价原则，教师在与家长进行沟通时，一定要让家长明白幼儿发展是一个持续不断变化的过程，我们现在的评价只是阶段性评价。二是多向家长呈现幼儿的优势发展情况，每个幼儿都不一样，都有自己的优势智能，我们在与家长进行沟通时，应该多呈现幼儿的优势智能。三是慎重向家长呈现幼儿的发展等级，在量表里，我们会为每个孩子在每个领域的每个指标确定发展等级，这种等级也是暂时的。如果家长比较焦虑，很容易把这种等级作为一个标准强加到孩子身上，无形中增加了孩子的压力。四是借助幼儿评价，与家长一起商量如何支持幼儿下一步发展，制订发展方案。幼儿评价较全面地反映了幼儿发展的个别化信息，这是家长熟悉并且也非常有意义的，这为家长与教师提供了一个客观交流的机会，我们应该抓住这个机会共同制定一些策略，促进幼儿的学习与发展。

五、使用策略

幼儿评价是一名幼儿园教师在日常教育教学生活中必须具备的基本技能。掌握了幼儿评价，我们就有了一把开启教育智慧的金钥匙。在开展幼儿评价时，我们必须注意几个策略的应用。

1. 熟悉量表

"工欲善其事，必先利其器。"每个量表都有其核心的价值取向、独特的使用方法，教师要对使用的量表非常了解，知道这个量表主要的框架、包含的领域、指标、评分等级及具体表现事件等，对每个子项目要能做到熟记于心，对量表使用的六个步骤非常清晰。这里有个小窍门，要想记住量表的内容，可以结合日常教育教学中的小故事进行有意义的记忆。

2. 客观意识

客观，这是量表对所有观察的基本要求。在本课程体系里，我们讲的客观既包括幼儿作品的客观，还包括幼儿逸事的客观。只有客观观察，才能保证量表打出的分值是合理的，才能保证量表数据的准确性。教师要经常练习如何客观观察幼儿、如何客观收集幼儿作品，可以通过专家引领、同伴互助、自我反思三种途径思考观察的客观性。

3. 结合课程

每种课程都有其独特性，不同课程的评价体系可能也不一样。本课程体系实行真实情境下的观察评价、过程记录下的档案评价、任务驱动下的展示评价、领域阶段下的综合评价四种策略相结合的评价体系，这个评价体系以过程评价为主、以结果评价为辅。不同的策略，使用的评价量表是有差异的。但这些差异都是围绕课程体系的核心价值取向——关系学习展开的。我们在进行幼儿评价时，一定要结合这个核心价值思考评价，让评价真正为课程建设服务。

4. 综合报告

幼儿的发展是一个持续、变化的过程，但这个过程又有一定的阶段性和个体差异性。幼儿园一般分为小班、中班、大班三个年龄段班级，每个年龄段幼儿的身心特点又不一样。作为专业的幼儿园教师，既要看到幼儿身心发展的普遍规律，又要关注到每个孩子的个体差异性和年龄阶段性。在每个学期、学年结束时，结合量表观察，分领域、分指标给幼儿以全面的综合评价是非常有必要的。一方面，让我们全面了解了幼儿的发展状况；另一方面，我们可以借助这些评价与家长进行沟通交流，提升家园共育的水平。同时，通过了解现状，我们需要进一步思考如何支持幼儿下一步的发展。

5. 日积月累

"不积跬步，无以至千里；不积小流，无以成江海。"每种量表总是包含若干领域、若干指标的，总是需要我们经过若干次的反复观察才能确实评分等级的，这些若干次的背后就需要大量的数据，需要我们平时积累，并且这个积累是有计划的。一般来讲，我们一学期是分三次来收集幼儿作品的。在开学初，我们会制订一个幼儿作品收集计划，然后以六周为一次收集期，一学期收集三次。学期末，教师就会通过这三次的幼儿作品来评价幼儿的发展情况。关于幼儿逸事的收集，我们一学期是分四次进行的。在开学初，教师也会制订一个收集计划。每个月对幼儿所有的领域进行一次观察，每周进行两次逸事收集，一个月就有八个客观逸事。这样一个学期下来，我们就可能收集到一个孩子三十二个客观逸事记录，教师根据这些记录再给孩子做个综合报告。所以，如果没有平时的积累，我们就不可能全面了解孩子的发展，也不可能做出客观的综合报告。

6. 持之以恒

大道至简，贵在坚持。幼儿园工作比较烦琐，幼儿评价可能只是幼儿园教师众多工作中的一个部分，许多时候教师会因为别的工作放弃对评价工作的重视。有可能会随便收集一下幼儿作品，随意拍几张照片，甚至为了完成任务让幼儿摆拍等，这些都不是正确的态度，还可能造成数据的不真实、不客观。还有一种可能性，有的教师认为小班的孩子已经达到量表等级评估最高级，后续不知道如何评分，就随便写最高级了。量表评分等级是经过大量数据得出来的，它要求的是稳定的行为、作品，教师在评分时一定要仔细看待幼儿的发展情况，通过多次作品、逸事来为幼儿定等级。作为专业的幼儿教师，我们要坚持相信评价的力量，坚持不懈地做观察记录，通过大量数据来评价幼儿，以事实说话。

7. 教育情怀

心理学上经常讲：知情意行。"知"指的是认知、观念；"情"指的是情绪、情感；"意"指的是思维模式，并形成固定的观念与意志；"行"指的是行为与表现。知情意行整体是一个逐步上升、逐步整合的过程，从了解到触动再到思考与行动。教师进行幼儿评价时，也会经历这样一个过程。特别是情与意，这两个点就叫作教育情怀，这个情怀是教师对学前教育事业的一种深沉、持久、难以割舍的感情。幼儿评价是一个系统工程，需要教师花费大量的时间、精力来进行专业的行动。我们经常讲的爱心、耐心、细心这"三心"是远远不够的，还需要教师具备更加专业的教育情怀，不再把幼儿园教师只是当作一种职业，而是当作一份事业来做。有了这份事业情怀，才会更加投入幼儿园工作中，才会更加坚持不懈地去做，才会更加专业地评价幼儿。

8. 专业精神

讲到专业，我们就会想到教育部颁布的《幼儿园教师专业标准（试行）》，这是一份具有划时代意义的文件，它从三个维度、十四个领域、六十二条基本要求方面规定了我们如何做一名专业的幼儿园教师。讲到"激励与评价"专业领域时指出："关注幼儿日常表现，及时发现和赏识每个幼儿的点滴进步，注重激发和保护幼儿的积极性、自信心；有效运用观察、谈话、家园联系、作品分析等多种方法，客观地、全面地了解和评价幼儿；有效运用评价结果，指导下一步教育活动的开展。"专业致胜，专业评价幼儿是幼儿园教师专业性的体现。在幼儿一日生活中，我们应该运用专业的评价量表来观察、记录幼儿的学习与发展，通过他们的作品、逸事等客观、全面地了解幼儿的发展。同时，根据评价结果，我们还要思考如何鹰架幼儿的学习，提供下一步的支持策略。

幼儿评价既是课程体系建设的重要内容，也是幼儿园教师必备的基本能力。但受历史影响，我国自主研发的幼儿评价方面的系统工具还比较少，大多数幼儿园还是借鉴国外的评价量表，而这些量表的产生都有着其独特的文化背景。我们在使用这些量表时，必须用辩证思维进行吸收和借鉴，反对盲目崇拜、全盘吸收。

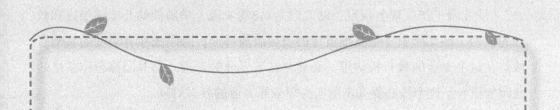

一线与整合，
建立专业的幼儿园教学管理体系

　　人人都是管理者，人人都是教育者。幼儿园工作的特殊性，决定了教学管理的独特性。教学管理是一个专业化的过程，包含计划、执行、检查、反思。结合本课程特点，我们把教学管理中涉及的人、财、物、时间、空间、信息等要素划分为十大板块。

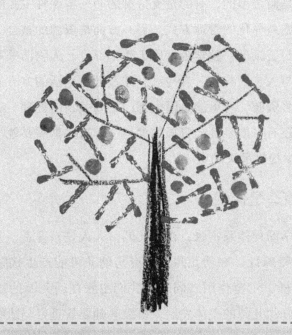

　　《幼儿园工作规程》规定，幼儿园是对3周岁以上学龄前幼儿实施保育和教育的机构。幼儿园教育是基础教育的重要组成部分，是学校教育制度的基础阶段。在这个专业的教育机构里，必然存在着专业的管理。幼儿园课程体系是幼儿园的核心，这个核心要真正落实必须依靠专业的教学管理。

　　与教学管理紧密相关的两个关键词就是"一线"与"整合"。

　　"一线"一般指从事实际工作的基层，如战士上战场、工人到生产线、医务人员看病人等。幼儿园的一线就是幼儿园教师在班级组织日常教育教学工作。幼儿园教师的一线工作主要包含以下几个方面：一是合理组织幼儿一日生活学习；二是创设良好的教育环境；三是开展安全、卫生保健工作；四是实施家园共育；五是参加业务学习和保育教育研究活动；六是定期总结评估保教工作实效，接受管理者的指导和检查。

　　"整合"指的是在一个核心思想指导下，将零散的要素组合在一起，并最终形成有价值、有效率的一个整体。在教学管理中，这个整合包含两个方面的内容：一方面是课程的整合，人物己关系学课程体系在核心价值取向的指引下，学习借鉴了多种课程模式，这些不同课程的管理方式是不一样的。有的是放任型的，有的是监督型的，有的是支持型的……本课程主张的是根据实际课程开展情况，实施差异化的管理方式。另一方面是资源的整合。幼儿园一般把管理分为教学部与后勤部，教学管理属于教学部管。人物己关系学课程体系讲的三大关系（人与人、人与物、人与己）涉及幼儿生活的方方面面，开展教育教学工作需要许多资源，有可能是园内部门之间关系的处理，有可能是园外社区关系的借用，还有可能是社会资源的参与……这些都需要教学部整合各方面资源，为一线教学提供最大的支持。

一、教学管理是什么

　　人物己关系学课程体系主张：在幼儿园，人人是教育者，人人是管理者。由于幼儿发展的特殊性，在幼儿园，所有与幼儿可能产生接触的人都是教育者，都要起到榜样、示范作用。同时，我们主张在幼儿园的每个人都是管理者，园长要管理好幼儿园的整体发展，班级教师要管理好与班级相关的幼儿、家长、教师等。

教学管理是幼儿园管理中的重要组成部分，教学管理是指管理者通过一定的管理手段，使教学活动达到幼儿园既定的人才培养目标的过程，教学管理是正常教学秩序的保证。教学管理包括计划管理、教学目标管理、教学过程管理、质量管理、教师管理、学生管理、教学档案管理。

从这个定义我们可以看出，所有与教学相关的人、财、物、时间、空间、信息都属于教学管理的范畴，教学管理者在处理任何一个管理事项时都应从这六个方面进行思考。例如，一个班级开展项目教学"超市"，准备带孩子去幼儿园附近的超市进行实地参访。作为这次活动的管理者——班主任，她必须思考与这个活动相关的事宜，"人"包括孩子、家长、班级教师、超市人员等，"财"包括参访要不要费用、如果要需要多少、费用来源等；"物"包括孩子们携带的物品、超市现场物品、参访回来后的物品等；"时间"指的是什么时间去、什么时间回、持续多长时间等；"空间"包括超市现场安不安全、超市的布局图、超市所在位置等；"信息"包括有没有提前去超市踩点、超市当天有没有其他活动、幼儿园有没有活动等。从这个例子可以看出管理的重要性，没有管理就没有教学。

二、教学管理的现状

幼儿园工作比较烦琐，教学管理中经常出现一些问题，主要有以下几个方面。

1. 重计划制订，轻内容实施

好的计划是成功的一半，幼儿园普遍重视计划的制订。在学期初，幼儿园会制订园务计划、教学部计划、后勤部计划、年级计划、班级计划、教科研计划等。但是幼儿园往往会因为各种原因，再加上执行力度问题，改变或取消计划的实施。大家经常开玩笑讲：计划没有变化快。

2. 重教师教学，轻幼儿游戏

虽然随着社会的进步，人们的教育观、价值观、人生观、儿童观、游戏观等发生了许多变化，但是，我们许多时候会发现，理论与实践还是有差距的。

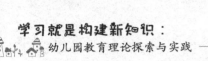

有的教师在组织幼儿一日生活时，还是非常重视正规教学活动的组织，对于幼儿其他生活不关注，不把课程的核心价值渗透于幼儿的一日生活，不重视游戏的价值。

3. 重知识获得，轻学习品质

面对未来社会，我们不应仅仅关注孩子基本知识技能的获得，更应关注良好学习品质的培养。但是现实生活中，受中小学现行教育评价方式的影响，许多教师还是选择比较传统的集体教学的形式，非常重视幼儿知识技能的获取，对于幼儿兴趣、爱好、主动、坚持、创新、反思等学习品质关注度不够。

4. 重教学结果，轻学习过程

幼儿园教育有别于中小学教育，在幼儿评价方面尤为突出，我们主张以过程评价为主、结果评价为辅的评价策略。但在幼儿园里，许多教师还是会因为各种原因，在学期末对幼儿进行各种形式的测评工作，以便了解幼儿在本学期的学习情况。这种测评本质上就是一种重教学结果的体现。在幼儿园，还是普遍存在"穿新鞋走老路"的现象。

5. 重学校作用，轻家庭参与

幼儿园、家庭、社区"三位一体"的教育，才能形成合力，才是最有效的教育。虽然随着社会的进步，有些幼儿园也开始尝试让家长走入幼儿园，但这种"走入"还是被动的，是幼儿园"强迫"的。从另外的角度看，还是家长的教育观没有改变，社区参与教育的就更少了，远远没有达到我们的理想教育状态。

6. 重资料收集，轻档案建立

随着国家对学前教育的重视，学前教育的发展越来越规范。幼儿园经常要接受各个部门的各种检查、评估等，所以幼儿园开始重视各种资料的收集。但是这种收集是盲目的、应付式的、零碎的，幼儿园的资料经常呈现各种乱象。真正的资料，我们应该以系统的方式建立档案，以系统性、规范性、创新性迎接各种检查并储备资料。

三、教学管理的理论

教学管理本质上也是一种管理。管理是指组织中的管理者，通过实施计划、组织、领导、协调、控制等职能来协调他人的活动，使别人同自己一起实现既定目标的活动过程。"科学管理之父"弗雷德里克·温斯洛·泰勒认为："管理就是确切地知道你要别人干什么，并使他用最好的方法去干。""现代管理学之父"彼得·德鲁克认为："管理是一种工作，它有自己的技巧、工具和方法；管理是一种器官，是赋予组织以生命的、能动的、动态的器官；管理是一门科学，一种系统化的并到处适用的知识；同时管理也是一种文化。"管理其实就是管事理人。

在幼儿园教学管理中，我们非常重视管理的过程，主张通过流程管理实施"管事理人"，我们使用PDCA循环。PDCA循环又叫"质量环"，是管理学中的一个通用模型，是英语单词plan（计划）、do（执行）、check（检查）和action（行动）的第一个字母，PDCA循环就是按照这样的顺序进行质量管理，并且循环不止地进行下去的科学程序。①P包括方针和目标的确定以及活动规划的制定。②D根据已知信息，设计具体的方法、方案和计划布局；再根据设计和布局，进行具体运作，实现计划中的内容。③C总结执行计划的结果，分清哪些对了，哪些错了，明确效果，找出问题。④A对总结检查的结果进行处理，对成功的经验加以肯定，并予以标准化；对于失败的教训也要总结，引起重视。对于没有解决的问题，应提交给下一个PDCA循环去解决。

以上四个过程不是运行一次就结束，而是周而复始地进行，一个循环完了，解决一些问题，未解决的问题进入下一个循环，这样呈阶梯式上升。

例如，教学部组织一个关于"如何有效组织晨间锻炼"的专题教研活动。首先，教学部与年级组组长、教师们共同制订一个晨间锻炼的方案，然后大家按照这个方案去实施。在实施过程中，管理者去检查实施的情况，如体育器材够不够、幼儿参与度如何、教师组织水平如何等。如果偏离了方案，再做调整。最后，对整个方案实施情况进行总结，对幼儿、教师、器材、场地等要素进行全面总结，没有解决的问题进入下一次研讨活动。就这样不断循环上升，

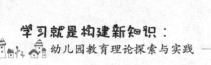

在解决问题的过程中提升管理。

四、教学管理的原则

原则是指经过长期经验总结所得出的合理化的现象。教学管理中的原则，是我们教学管理中积累起来的并形成了我们做事依据的法则。在本课程体系中，主要有以下几个原则。

1. 管理者的专业意识

教学管理不同于一般的管理，它是基于教学的专业性而进行的管理，因而进行管理的管理者必须有较强的专业性。而这个专业性涉及管理者的专业理念与师德、专业知识和专业能力。在人物己关系学课程体系中，我们的管理者必须了解关于本课程的文化背景、价值取向、目标体系、内容体系、实施体系、评价体系六大组成部分，同时结合幼儿园的特点开展课程实施，这样才能真正让课程落地。

2. 管理者的服务意识

幼儿园的核心是课程，而课程开展的最终目的是孩子的发展，孩子的发展必须通过课程来实现。管理者要重视课程，要有一种一切为课程服务的意识，要为课程开展提供一切资源。例如，班级幼儿要外出参访，管理者为班级提供外出资源；班级课程需要购买教玩具，管理者提供资金；班级课程展示需要布置场地，管理者提供人员协助布置场地；等等。只有全园形成一种一切为课程服务的氛围，这种幼儿园才是真正意义上的幼儿园。

3. 管理者的整合意识

人物己关系学课程体系关注人与人、人与物、人与己三大关系，这三大关系是需要管理者整合各类资源去建立的。管理者既要优化内部关系，又要调适外部环境。管理者正是在协调各种内外关系中提升管理，完成目标的。例如，当前人们的维权意识越来越强，孩子在户外玩耍时受了点小伤，家长就到教育局投诉，讲幼儿园设施老化应该更新。面对这样的家长，管理者要协调各种关系来处理这个投诉，既要向家长讲明道理，又要向教育局讲明情况，还要对教师、幼儿进行安全教育等。

4. 管理者的评估意识

随着国家对学前教育的重视，幼儿园接受各类督导评估工作越来越多。这些评估工作不仅能帮助幼儿园越来越规范化，还能促进幼儿园管理者不断反思，提升整体办园水平。教学管理作为评估工作重要的检查内容，必须在标准之上有创新。这就对管理者提出了新的要求，我们的管理必须把评估作为重要内容。在课程设计、目标制定、内容选择、课程实施、课程评价等方面都要符合国家政策法规，在幼儿一日生活中如何贯彻国家政策，在教学日常管理中如何体现政策要求，等等。管理者只有具备了评估意识，幼儿园才能真正做到依法办园、依法执教。

五、教学管理的实施

教学管理是幼儿园管理的核心，涉及幼儿园管理的各个方面，所有与教学相关的人、财、物、时间、空间、信息等都属于其管理的范畴。结合人物己关系学课程体系的特点，我们把幼儿园日常教学管理划分为十大板块，分别为师德师风、管理制度、岗位职责、教师发展、一日流程、教科研工作、环境创设、家长工作、安全教育、督导评估。

1. 师德师风

教师是人类灵魂的工程师，是人类文明的传承者。自古以来，人们都尊师重教，对教师这个职业有着特殊的品德要求。孔子在古代被尊奉为"天纵之圣""天之木铎"，被后世统治者尊为孔圣人、至圣、至圣先师、大成至圣文宣王先师、万世师表。新时代，人们对教师提出了新的更高要求，2018年教育部颁布了《新时代幼儿园教师职业行为十项准则》。

作为新时代的幼儿园教师，我们必须严格遵守国家关于师德师风建设的要求，同时还要加强个人对师德的理解与认识，正确看待学前教育、幼儿、幼儿园教育、幼儿园教师等，并达成这样的思想：热爱学前教育事业，认同幼儿园教师的专业性和独特性，注重专业发展。尊重幼儿人格，维护幼儿合法权益，平等对待每一个幼儿。注重保教结合，培育幼儿良好的意志品质，帮助幼儿养成良好的行为习惯等。只有树立了正确的教育观、儿童观、价值观，我们才会更加专业地对待儿童，做到为人师表。

2. 管理制度

没有规矩，不成方圆。幼儿园教学管理应该有相应的管理制度。这些管理制度是对教学管理机制、管理原则、管理方法及管理机构设置的规范，是我们日常教学管理的依据，具有权威性、完整性、可执行性、稳定性等特征。

幼儿园的教学管理制度一般包含以下几个方面的内容：教科研制度、教学会议制度、班务管理制度、课程管理制度、教师管理制度、家长管理制度、安全管理制度、环境创设制度、教学物资采购制度、督导评估制度等。这些教学管理制度必须结合每所幼儿园的实际情况制定，制定者应该采取民主参与的方式共同制定，征求多方意见、达成共识后再发布执行。

3. 岗位职责

在管理中，我们经常讲，人人有职责。这个职责就是岗位职责，它指一个岗位所需要完成的工作内容及应当承担的责任范围，是一个具象化的工作描述，是岗位人员考核的重要依据。

在幼儿园教学管理中，我们主要分为管理岗位职责与一线岗位职责。管理岗位职责主要包括教学副园长、教学主任、年级组长、教研组长等岗位的职责。而一线岗位职责主要包括班主任、配班教师、学科教师、实习教师、跟岗教师等岗位的职责。这些职责必须让相应岗位的人员理解，同时还要进行相关的培训和检查督促，保证其履行职责。

4. 教师发展

幼儿园教师是幼儿学习的观察者、支持者、合作者、引导者，是幼儿园课程落地的保障。教学管理必须关注教师队伍的专业化。现代广泛运用的是美国社会学家利伯曼对"专业化"标准定义的解释，所谓"专业"，应当满足以下基本条件：一是范围明确，垄断地从事社会不可或缺的工作；二是运用高度的理智性技术；三是需要长期的专业教育；四是从事者个人、集体均具有广泛的自律性；五是专业自律性范围内，直接负有做出判断、采取行为的责任；六是非营利性，以服务为动机；七是形成了综合性的自治组织；八是拥有应用方式具体化了的理论纲领。

教师的专业化发展主要包含专业理念与师德、专业知识和专业能力。这些发展主要通过专家引领、同伴互助、个人反思得以提升。同时，教师的专业化发展也是有层级的，如下图所示。

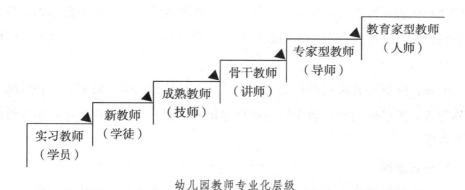

幼儿园教师专业化层级

在这个"幼儿园教师专业化层级"里，我们把教师专业化分为六个层级。第一个层级是实习教师（又叫"学员"），这个层级的教师还未正式加入幼儿园，他们的专业知识较强，但专业理念与专业能力较弱。第二个层级是新教师（又叫"学徒"），一般教龄3年左右，他们的专业理念、专业能力逐步提升，开始熟悉幼儿园一日生活的组织。第三个层级是成熟教师（又叫"技师"），一般教龄6年左右，能熟练组织幼儿的一日生活，专业理念、知识、能力得到提升。第四个层级是骨干教师（又叫"讲师"），一般教龄10年左右，除了能熟练组织幼儿的一日生活，专业理念、知识、能力进一步提升外，还有自己的一技之长。第五个层级是专家型教师（又叫"导师"），一般教龄15年左右，除了能熟练组织幼儿的一日生活，专业理念、知识、能力进一步提升外，还能把理念与实践融会贯通。第六个层级是教育家型教师（又叫"人师"），一般教龄20年左右，除了能熟练组织幼儿的一日生活，专业理念、知识、能力进一步提升，把理念与实践融会贯通外，还有自己独特的教育思想。我们在开展教学管理时，可以有针对性地开展培训。同时也可以此为模板，帮助教师进行职业规划，提高教师的职业认同感和归属感。当然，这个层级图只是一个教师专业发展规划图，并不是每位教师都能达到的水平。另外，教师发展还有差异性，有的发展快，有的发展慢，有的某个领域发展好，教学管理要关注每个教师的专业化发展，促进每位教师在其原有基础上不断提升。

同时，在日常教学管理中，可以通过以下几种方式提升教师的专业化：针对不同教师发展水平开展分层培训，发挥骨干教师的作用实施名师工作坊，组织教师到优秀班级进行跟岗学习，结合日常教育教学问题开展专题培训，教师结合自己的兴趣进行一对一的师徒结对，寻找值得提升、推广的课题开展科研工作等。

另外，这里还有两点要特别引起注意，一是教师的继续教育，二是教师的职称评审。虽然这两点与教学管理不直接相关，但在实际工作中也很影响教师的专业发展。

5. 一日流程

一日流程指的是从孩子入园到离园的一天中，孩子的各个生活环节。一日生活皆课程，幼儿的一日生活中都应体现幼儿园课程的核心价值取向。我们在制定一日流程时，既要遵守国家关于学前教育的相关政策，又要结合本园的实际情况。例如，一天要保证孩子2小时户外活动时间，其中1小时为体育活动时间；正餐间隔时间为3.5~4小时等。

在人物己关系学课程体系中，我们把孩子的一日流程划分为十大环节：欢迎时间、计划时间、实施时间、整理时间、回顾时间、小组时间、大组时间、户外时间、餐点时间和过渡时间。同时把这些生活环节绘成卡通图片，让孩子在每天的生活环节中使用，增强幼儿对一日生活的掌握感和安全感。

6. 教科研工作

教科研工作其实包含两个方面的内容：一是教研，二是科研。教研指总结教学经验，发现教学问题，研究教学方法，更多地指向实际教学中的问题。科研指用教育理论去研究教育现象，探索新的、未知的规律，以解决新问题、新情况，更多地指向具有代表性、推广性的课题研究。但不管是哪种研究，都是以解决问题为出发点。我们在教学管理中，两手都应抓，以教促研，以研促教。

在人物己关系学课程体系中，教学管理应该深入教师们的一线教学，发现问题、研究问题、解决问题，进而提升日常教育教学活动。同时还要结合本课程的三大关系，以哲学、教育学、心理学理论为指引，查阅相关文献，寻找有

价值的课题，进行深入的专业研究。

7. 环境创设

环境是孩子的第三任教师，进行环境创设是幼儿园教师必备的能力，我们应该重视环境在孩子发展中的作用。不同的课程，对于环境创设的要求是不一样的。有准备的环境、有安全感的环境、有互动的环境、有会说话的环境……在教学管理中，我们应该思考打造什么样的环境。

在人物己关系学课程体系中，不同的年龄段，环境创设的要求是不一样的。低年龄段，我们以区域环境为主，教师和幼儿一起打造基本区域；高年龄段，我们以主题环境为主，教师和幼儿一起创设主题活动区。但是，不管哪个年龄段，我们都主张教师为孩子创设有准备的环境、互动的环境、安全的环境。

8. 家长工作

家长是孩子的第一任教师，幼儿园教师是孩子的第二任教师，社区环境是孩子的第三任教师，这三任教师合作将产生巨大合力，幼儿园、家庭、社区共同对孩子教育才是最有效的教育。在教学管理中，我们应该想方设法地借助这种合力，开展各类合作教育。

在人物己关系学课程体系中，我们创设了一个"人物己关系学家长工作模型"，如下图所示。

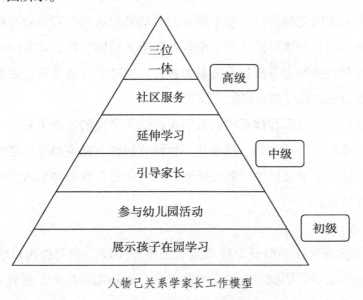

人物己关系学家长工作模型

在这个模型里，我们把家长工作分为三个层级，每个层级里又有两个水平。初级里第一层是幼儿园向家长展示孩子在园的学习，如家长开放日、项目结题活动、各类表演活动等。第二层是家长参与幼儿园活动，如家委会活动、家长义工、家长来园授课等。

中级里第一层是幼儿园引导家长在家对孩子进行教育，如家长在教师指导下陪孩子玩游戏、解决孩子心理问题、专业观察孩子等。第二层是孩子把幼儿园所学运用于家庭中，如在幼儿园学习了做计划，回家后也要求在外出前做个计划。

高级里第一层是社区服务，幼儿把幼儿园所学运用于社区，为社区服务，如捡垃圾、爱护花草、爱护公物等。第二层是三位一体，社区、家庭、幼儿园共同教育孩子，如春节时，社区人员、家庭成员、幼儿园共同庆祝春节，社区人员到家庭、幼儿园送春联，幼儿园、家庭到社区表演节目等。

家长工作一般先从初级开始，然后往中、高级延伸。在实际工作中，这三个层级六个水平也可能有交叉。但是我们可以定性家长工作层级，以持续、稳定的家长工作为准。

9. 安全教育

安全是天，幼儿安全是幼儿园开展所有活动的前提。作为专业的学前教育机构，我们必须把握好这个基本的方向。幼儿园应当把安全教育融入一日生活，并定期组织开展多种形式的安全教育和事故预防演练。幼儿园应当结合幼儿年龄特点和接受能力开展反家庭暴力教育，发现幼儿遭受或者疑似遭受家庭暴力的，应当依法及时向公安机关报案。

在人物已关系学课程体系中，我们关注幼儿身边的各种关系，一切活动以幼儿安全为前提，以系统化、标准化、生活化思维为基本思路，建立包含组织体系、责任体系、制度体系、教育体系、风控体系、保障体系六大部分的幼儿园安全教育体系。

10. 督导评估

督导评估是保证学前教育健康发展的重要手段。相关机构以学前教育相关政策法规为指导，依据一定的标准和程序，对幼儿园各个方面的工作进行监督、检查、评价和指导，从而促进幼儿园各项工作有序进行。在督导评估工作中，教学工作占非常重要的地位。目前全国性的教育督导评估主要以2017年教育部颁布的《幼儿园办园行为督导评估办法》为依据，重点包括办园条件、安全卫生、保育教育、教职工队伍、内部管理五个方面的内容。

教育教学是一个持续、变化的过程，教学管理要关注日常积累。幼儿园要结合国家、地方督导评估中关于保育教育的要求，有针对性地开展教育教学工作和资料收集、档案整理，力求达到"以评促建"，不断提高保育教育质量。

六、教学管理的策略

教学管理的策略非常多，这里提几点常用策略。

第一条，教学管理要扎根一线

教学管理是为教学服务的，不了解一线教学就很难提供服务。从孩子入园到离园，9个小时左右，教学管理者要清楚地知道每个时间段每个教学岗位的职责，要了解每个时间段可能出现的问题，要知道幼儿一日生活的具体安排与要求……这些都是教学管理人员必须熟知的。建议教学管理人员多到班级转转。

第二条，教学管理必须加强执行力

幼儿园工作比较烦琐，突发事件比较多，经常计划没有变化快。如果再赶上人员不足，就容易出现执行力不够，事情办得不扎实。教学管理人员一定要加强自身素质训练，做好PDCA的四个环节，提高执行力，提升办事效率。

第三条，教学管理要调动多方资源

孩子是在与社会的互动中成长起来的，家庭、幼儿园、社区都是幼儿学习与发展的重要环境。教学管理人员要本着"三位一体"的思想，调动多方资源，为孩子创造一个丰富多彩、充满互动的学习环境，引导孩子通过关系学习不断了解周围的人、事、物，进而提升发展水平。

第四条，教学管理要注意运用专业评价系统

教学管理涉及的方面比较多，有些方面需要专业的评价工具，如幼儿评价、课程评价等。而这些专业的评价工具是非常讲究信度与效度的，要结合本课程的特色，选择与课程相适宜的评价系统，提高教学管理效率。

第五条，教学管理要与本园实际结合

每所幼儿园的实际情况都不一样，从办学理念、办学目标、培养目标到课程建设、教师队伍、家长群体等，都有着非常大的不同。教学管理者应重点思考我们的管理有没有因地制宜，有没有找到适合本园的管理，有没有促进教育教学质量的提升等。

第六条，教学管理要不断改进管理策略

管理的策略非常多，之所以要不断改进，主要原因还是在于服务的对象。幼儿处于身心快速发展期，这对教育教学来讲，就要不断发生变化。而这个变化，就导致我们的教学管理要跟上。如果教学管理不发生变化，可能就会严重阻碍教学的发展。如一所幼儿园以前的课程是以传统的领域教学为主，教玩具的采购是提前一个学期或一个月。现在幼儿园采用了项目教学，教玩具的采购可能需要一周一次或提前一天。如果教学管理不改变，班级就可能出现没有项目教学的材料给孩子，孩子主动探究的愿望就会减弱，这样项目教学就可能无法开展了。

第七条，教学管理要关注日常生活中的细节

道家创始人老子有句名言："天下大事必作于细，天下难事必作于易。"意思是做大事必须从小事开始，天下的难事必定从容易的做起。幼儿园工作比较烦琐，更要关注细节，细节决定成败。

细节管理专家汪中求在其编写的《细节决定成败》一书中指出："在日常工作开展细节管理，可以从以下五方面开始：以系统作保障，以标准谋细化，以数字达精准，以专业臻卓越，以持续求精进。"结合幼儿园日常教学管理，我们可以借助数字来与家长进行细节沟通。经常有家长告诉老师让孩子在幼儿园多喝水，老师早上答应了，下午家长再问，老师就讲喝了许多，但没有具体的数据来说明。我们可以设计一张表格，标明孩子喝水的时间、地点、饮水量，并做好统计。等下午家长再问的时候，我们就可以出示这张表，客观、详细地展示幼儿在园一日的饮水情况，这时候家长肯定会为老师点赞："老师做事太认真细致了，我们放心了。"一个细小的动作，就让家长工作顺畅起来了。

第八条，教学管理要树立督导评估意识

督导评估可以实现"以评促建"，帮助幼儿园提升管理水平，提高教育质量。幼儿园教学管理应该高度重视督导评估，结合国家、地方的相关督导评估政策文件，有针对性地开展日常教育教学管理，从规范性、系统性、创新性、长期性、专业性等角度思考教学管理，提升档案管理水平。

幼儿园教学管理体系是一个完整的系统，我们在进行日常教学管理过程中，应多角度、全方位专业地思考如何提升教学管理，为幼儿园课程体系建设提供强有力的保障。

实践篇

理论篇

学习就是构建新知识

探索篇

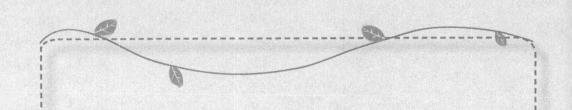

稳定与互动，

幼儿一日生活的十大环节

　　教育即生活。孩子从早上入园到下午离园，在园9个小时左右，这么长时间里如何开展教育？本课程体系主张，在幼儿的一日生活中融入课程的核心价值取向——关系学习，把一日生活划分为十大环节，每个环节都是教育，引导孩子形成稳定、积极的一日生活。

一日生活皆课程。这句话讲起来容易，做起来却非常难。在幼儿一日生活组织中，普遍存在重视正常教学活动，忽视幼儿生活活动的现象，这就直接导致课程建设和实践的缺失。

在人物己关系学课程体系中，我们重视核心教育理念在幼儿一日生活中的运用，关注游戏和生活经验。既重视幼儿已有的生活经验，又珍视幼儿在幼儿园现有的生活经验，结合这两种生活经验面向幼儿未来的发展，帮助幼儿建构有利于其终身发展的生活经验。同时，我们还非常关注幼儿一日生活的稳定与互动，稳定的一日生活有助于幼儿形成安全感和归属感；互动的一日生活有利于幼儿与周围的人、思想、事物建立积极、稳定的关系。这两点非常有利于幼儿的学习与发展，更能帮助幼儿真正建立各种关系。

结合国家关于幼儿一日生活经验的相关政策法规，我们认为幼儿一日生活的主要环节有欢迎时间、计划时间、实施时间、整理时间、回顾时间、小组时间、大组时间、户外时间、餐点时间和过渡时间十大环节，每个环节都有其独特的价值和教育教学特点。这十大环节都是课程，都应该进行精心的准备和实施。在设计每个环节时，我们一般会从活动来源、超学科主题、重点领域、活动材料、活动过程、温馨提示六个方面进行规划，真正做到课程的生活化。

以下是一日生活十大环节的教案设计，大家可以学习借鉴。

一、欢迎时间

活动：放大镜

（一）活动来源

幼儿对万事万物都充满了好奇，喜欢探究。放大镜能产生奇特的作用，满足幼儿的好奇心，让幼儿感受空间变化。幼儿非常喜欢放大镜，他们很享受放大镜带来的快乐，同时互相分享也有助于幼儿大胆地自我表达。

（二）超学科主题

人与人。

（三）重点领域

语言领域——愿意讲话并能清楚地表达。

（四）活动材料

轻音乐，一个放大镜，一块白板，一支马克笔。

（五）活动过程

1. 开始

教师播放幼儿熟悉的轻音乐，引导幼儿一起集中。一名幼儿在班级宣告现在是欢迎时间。

2. 中间

（1）教师：今天我带来一个放大镜，我们一起看看今天的天气如何。幼儿看一看并讲出来，教师在白板上记录下来。

（2）教师通过放大镜点名。教师拿着放大镜，讲道："我看到谁，念到谁的名字，谁就答一下'到'。"教师在白板上记录幼儿来园人数。

（3）请一名幼儿分享个人信息。分享完后，拿着放大镜，讲述另外一个小朋友的服装特点，被讲到的幼儿分享个人信息。分享信息的小朋友再拿起放大镜，讲述下一个小朋友的特点。这样依次类推，请三个幼儿分享信息。

3. 结束

教师收回放大镜，引导幼儿进入一日生活的下一个环节。

（六）温馨提示

（1）幼儿有使用放大镜的经验，知道如何使用放大镜。

（2）提前与幼儿及其家长沟通服装的要求，做好当天活动的安排。

（3）幼儿分享信息时，教师引导该幼儿完整地表达句子，同时也鼓励其他幼儿认真倾听。

二、计划时间

活动：打电话

（一）活动来源

电话是幼儿日常生活中经常见到的物品，幼儿普遍喜欢打电话。通过打电话来做计划，幼儿参与活动的主动性高，有更强的专注力，会体验到更多的快乐。

（二）超学科主题

人与物。

（三）重点领域

社会领域——愿意与人交往。

（四）活动材料

两部电话，幼儿人手一份电话号码。

（五）活动过程

1. 开始

教师将幼儿集合在一起，教师告诉幼儿今天我们通过打电话的方式做计划，告诉幼儿游戏规则：教师拨打电话，幼儿查看手中的电话号码。幼儿听到自己手中的电话号码，就拿起电话与教师对话。

2. 中间

教师打电话，一名幼儿接电话。请与教师打电话的幼儿说一说自己想去的区域，并且告诉教师想去那个区域做什么事情，用什么材料，和谁在一起做，等等。教师提出一系列开放式的问题，与幼儿对话。

3. 结束

讲完计划的幼儿就可以去工作。教师再打另一名幼儿的电话，依次进行，直到所有的幼儿做完计划。

（六）温馨提示

（1）幼儿有打电话的经验，知道如何打电话。

（2）通过幼儿熟悉的打电话的形式进行计划，很好地吸引了幼儿的注意力，并且能让幼儿学会倾听。

（3）在幼儿做计划的时候，教师可以结合幼儿的身心发展特点，多问一些开放性的问题。

三、实施时间

活动：小超市

（一）活动来源

游戏是幼儿的第一生命力。区域中的小超市深受幼儿喜欢，幼儿喜欢在小超市扮演各种角色，进行角色扮演。在小超市，通过教师的鹰架支持，能帮助幼儿梳理自己的生活经验，提升表达能力和迁移能力，进而获得更大的进步。

（二）超学科主题

人与人。

（三）重点领域

语言领域——愿意讲话并能清楚地表达。

（四）活动材料

小超市区域及相关材料，购物车若干辆。

（五）活动过程

1. 开始

实施时间，在区域活动中，幼儿在小超市选购物品。

2. 中间

幼儿推着购物车对老师说："老师，你看，饼干。"

支持一：复述幼儿的语言，给幼儿提供语言示范。老师："哇，我看到你拿了好多饼干，你可以给我介绍一下吗？"幼儿："小熊的、小鱼的、小鸟的。"老师："哦，你的购物车里有各种动物饼干。你还打算买什么饼干？"幼儿："还要更多动物饼干。"

支持二：老师以导购员角色进入，对幼儿提出更高的要求，鹰架幼儿的发展。老师："我们这里还有更多好吃的东西，你需要吗？""你还需要别的东西吗？""你知道这两种口味的食物有什么区别吗？"等等。

支持三：创造更多的角色，如收银员、导购员、经理等，让幼儿分角色扮演，分工合作，提高游戏化的水平。

3. 结束

讨论游戏过程中出现的问题，提出解决方案，下次再试，自然进入一日生活的下一个环节。

（六）温馨提示

（1）在区域活动时，教师要给予幼儿选择的权利，选择与谁玩、在哪儿玩、如何玩等。

（2）教师要针对幼儿不同的游戏类别给予不同的鹰架，在鹰架之前一定要先观察、理解、倾听，最后慎重选择鹰架策略。

（3）幼儿发展具有个体差异，在幼儿语言表述不完整的时候，教师可以帮助复述，给幼儿提供语言示范。

四、整理时间

活动：大风吹

（一）活动来源

"大风吹"是我国经典的传统游戏，幼儿容易理解并且方便参与，形象生动并且好玩，深受幼儿喜爱。

（二）超学科主题

人与物。

（三）重点领域

社会领域——遵守基本的行为规范。

（四）活动材料

一片大树叶，风吹音乐。

（五）活动过程

1. 开始

教师出示大树叶，告诉幼儿游戏规则。教师拿着大树叶并讲道："大风吹。"幼儿问："吹什么？"教师："吹到积木区。"幼儿就到积木区收拾玩具。

2. 中间

教师拿着大树叶，说："大风吹，大风吹，大风吹。"幼儿问："吹什么？"教师讲："吹到娃娃家。"幼儿就到娃娃家收拾玩具。等娃娃家收拾完毕，再重复刚才的玩法并收拾别的区域。

3. 结束

玩具们都回家了，教师和幼儿一起进入一日生活的下一个环节。

（六）温馨提示

（1）幼儿有玩"大风吹"的经验，知道基本的游戏规则。

（2）游戏过程中要注意幼儿安全，教师要注意讲话速度，避免出现幼儿拥堵的情况。

（3）玩这个游戏时，年龄小的幼儿，可以配合音乐进行；年龄大的幼儿，可以尝试让其扮演教师进行分享控制。

五、回顾时间

活动：滚篮球

（一）活动来源

篮球是幼儿日常生活中经常见到的体育用品，幼儿喜欢玩篮球。在回顾时间，用幼儿喜闻乐见的篮球进行游戏回顾，一定会让幼儿喜欢。

（二）超学科主题

人与物。

（三）重点领域

语言领域——锻炼幼儿的自我表达能力。

（四）活动材料

一个篮球。

（五）活动过程

1. 开始

教师："现在是回顾时间，我们今天用滚篮球的方式进行回顾吧！"

2. 中间

教师："我先来滚篮球，球滚到谁，谁就来做回顾。"回顾完后，请刚刚回顾的幼儿滚篮球找到下一名幼儿，下一名幼儿再来回顾，以此类推。

3. 结束

教师："所有小朋友都回顾完了，我们把篮球收好，去洗手间吧。"

（六）温馨提示

（1）滚篮球的时候，提醒幼儿注意安全。

（2）回顾时间，幼儿可以拿一些实施时间玩过的材料、玩具进行回顾。

（3）回顾时间尽量让小组里所有的幼儿参与回顾，学会倾听他人的回顾，提高回顾的参与性。

六、小组时间

活动：剪面条

（一）活动来源

面条是我们中国的传统美食。幼儿经常见到面条，并且喜欢吃面条。于是我们为幼儿准备了五颜六色的纸条，在小组活动中鼓励幼儿试着撕、剪做出不同风格的面条。

（二）超学科主题

人与物。

（三）重点领域

艺术领域——具有初步的艺术表现与创造能力。

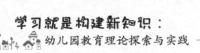

（四）活动材料

幼儿人手一份材料：各色彩纸、剪刀。共享材料：装废纸的垃圾盒、一个锅。后备材料：不同厚度的纸。

（五）活动过程

1. 开始

教师讲道："小朋友们都吃过面条，今天老师也提供了一些材料：彩色纸、剪刀，请小朋友们也来做面条，看看你们怎么做面条。"

2. 中间

幼儿根据自己的经验，探索使用材料做面条。老师巡回指导幼儿，同幼儿一起探索，模仿幼儿的操作。同时描述幼儿正在做的事情，比如，你将面条剪成了三角形和正方形；让我看看你剪了几根面条：1、2、3、4、5……并请幼儿一起数数。另外，适当的时候提供后备材料。剪完的小朋友可以将剪好的面条放入锅中煮。

3. 结束

提醒小朋友小组时间还剩3分钟。教师与幼儿一起收拾废旧材料并放入垃圾盒。教师告诉幼儿放些材料到美工区，幼儿可以在下次区域活动时再去玩。自然进入一日生活的下一个环节。

（六）温馨提示

（1）幼儿有吃面条的经验，知道面条的基本形态。

（2）幼儿具备安全意识和能力，知道如何正确、安全地使用剪刀。

（3）教师为幼儿提供鹰架的时候，一定是基于对幼儿的观察，针对不同发展水平的幼儿提供不同层次的鹰架。

七、大组时间

活动：兔子去散步

（一）活动来源

兔子是幼儿喜欢的小动物，它们聪明又可爱。幼儿非常喜欢听兔子和大灰狼的故事，他们还时常自编自导故事。大组活动，应该选择一些容易让幼儿参与的活动。这种故事演绎容易在大组活动中开展。

（二）超学科主题

人与人。

（三）重点领域

艺术领域——喜欢进行艺术活动并大胆表现。

（四）活动材料

不同节奏的音乐、不同情景的图片。

（五）活动过程

1. 开始

教师："森林里有一群兔子，它们吃完晚饭要出去散步，它们是怎么去的呢？我们一起来看看。"

2. 中间

教师与幼儿一起讨论，兔子们在途中会遇到什么、会经过哪些地方等。教师分别出示"下大雨""过小桥""躲大灰狼"等情境提示，请小朋友们根据不同的情境做出相应的动作反应，并尝试描述动作。老师帮助幼儿准确地描述动作，小朋友一起模仿，用不同的动作表现。

3. 结束

教师："天黑了，小兔子们成功地回到了家，现在小兔子们要上洗手间了。"自然过渡到一日生活的下一个环节。

（六）温馨提示

（1）幼儿有扮演兔子的经验，同时教师要引导幼儿根据不同的情境做出相应的动作。

（2）活动中要体现幼儿的分享与教师的控制，增强幼儿归属感。

（3）大组活动中，对于不愿意参与活动的幼儿，教师也应关注他们并给予适当的鼓励。

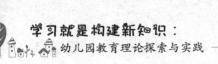

八、户外时间

活动：踩影子

（一）活动来源

影子是幼儿常见的事物，幼儿有一定的生活经验，踩影子、画影子能给幼儿提供无限的遐想空间。

（二）超学科主题

人与物。

（三）重点领域

科学领域——具有初步的探究能力。

（四）活动材料

粉笔。

（五）活动过程

1. 开始

教师带领幼儿做热身运动，通过猜谜语导入影子活动。谜语：早晚长，中午短，你走他也走，你站他也站。

2. 中间

（1）让幼儿描述自己的影子，踩自己的影子。

（2）踩好朋友的影子，同时保护自己的影子，当别人来踩自己的影子时要灵活地逃跑与躲避，不能让别人踩到自己的影子。

（3）想办法让自己的影子躲起来。

（4）用粉笔描绘好朋友的影子。

3. 结束

老师带领孩子们做伸展运动，结束活动。

（六）温馨提示

（1）幼儿描述自己影子的时候，老师要引导幼儿使用不同的形容词"大""小""胖""瘦"等来描述影子。

（2）游戏前讲清楚安全规则，讨论怎样躲闪能保护自己不受伤。

（3）教师应引导幼儿了解影子形成的原因，尝试自己做影子。

九、餐点时间

活动：水果猜猜猜

（一）活动来源

水果种类丰富，营养价值高，但幼儿往往因为各种原因，不愿意吃水果。通过猜谜语，激发幼儿的好奇心，激发幼儿吃水果的兴趣。

（二）超学科主题

人与物。

（三）重点领域

科学领域——在探究中认识周围事物和现象。

（四）活动材料

水果谜语、水果餐盘、各类水果。

（五）活动过程

1. 开始

教师："今天我们的水果宝宝想和大家玩一个游戏，它要出一道谜语考考大家，看谁能猜对。"谜语：弯弯的月儿小小的船，小小的船儿两头尖。猜猜是什么水果？幼儿猜谜语：香蕉。

2. 中间

教师讲解水果的营养价值，幼儿排队拿取水果并享用，鼓励幼儿按需取水果，尽量吃完拿到的水果。

3. 结束

请幼儿送回果盘，并清理自己的桌面。

（六）温馨提示

（1）教师要了解当天幼儿要吃的水果的营养价值，通俗易懂地分享给幼儿。

（2）教师可以准备多种水果的谜语，比如，西瓜：身穿绿衣裳，肚里水汪汪，生的子儿多，个个黑脸膛。

（3）教师在分水果的时候，要因人而异派发水果。可以根据幼儿的喜好酌情添加或者减掉一块，让幼儿自己选择多吃一块还是少吃一块。

十、过渡时间

活动：口香糖，粘哪里

（一）活动来源

口香糖是很受世界人民喜爱的一种糖类，既可吃又可玩，深受幼儿喜爱。由口香糖延伸出来的游戏，也是幼儿非常喜欢玩的一个游戏，老师可以通过游戏口令引导幼儿去过渡。

（二）超学科主题

人与人。

（三）重点领域

社会领域——遵守基本的行为规范。

（四）活动材料

幼儿已有游戏经验。

（五）活动过程

1. 开始

老师讲明游戏规则，带领幼儿玩"口香糖，粘哪里"游戏。

2. 中间

幼儿边唱边提问："口香糖，粘哪里？"老师回答："口香糖，粘肩膀。"幼儿迅速两个两个的肩膀贴在一起。没有找到伙伴的人，作为发令员继续玩游戏。幼儿边玩游戏边过渡。

3. 结束

到达活动地点，进行下一个一日生活环节。

（六）温馨提示

（1）教师与幼儿要知道如何玩这个游戏，掌握熟练后再在过渡时间使用。

（2）当幼儿游戏水平比较高时，可以尝试让动作快的幼儿选择回答口令，由他来决定粘在哪里，激发幼儿的游戏热情。

（3）游戏过程中，教师要控制好游戏的节奏，注意游戏的安全性。

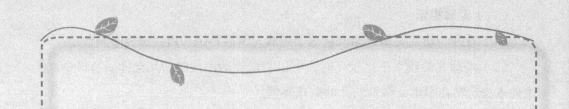

问题与呈现，
项目教学"职业"三阶段实施历程

　　做中学。在项目教学中，幼儿和教师围绕一个主题进行有趣且有意义的长时间研究，在这个过程中，幼儿发现问题、研究问题、解决问题。我们把这个过程划分为三个阶段，每个阶段都有着其特定的任务。结合本课程特色，我们又把这三个阶段划分为八个组成部分。

　　早在20世纪初，杜威就提出了实用主义教育思想。他在《经验与教育》一书中指出："教育即生活，教育是传递经验的方式。"倡导"做中学"的学习模式。"项目教学"一词在教育领域的正式应用最初出现在美国，美国教育家克伯屈（William Heard Kilpatrick）于1918年9月在哥伦比亚大学《师范学院学报》第19期发表了《项目教学法（project method）：在教育过程中有目的的活动的应用》一文，首次提出了项目教学的概念，引起了教育界的关注和兴趣。目前各个国家都有项目教学的实践探索。20世纪90年代，项目教学引入中国，但目前在中小学、职业学校、大学的应用较多，幼儿园对项目教学应用的相关研究较少……

　　在项目教学中，教师和幼儿围绕一个主题进行有趣且有意义的三阶段长期探究活动。第一阶段，教师通过幼儿感兴趣的事物和抛出的问题引起幼儿的探究动机，让幼儿自主进行探究活动，初步建立概念。第二阶段，幼儿通过实地参访、咨询专家、多元表征等形式研究问题、解决问题，提升获得的新概念，进而使其系统化。同时再次进入下一次活动，循环进行，不断提升。第三阶段，教师和幼儿共同反思项目研究过程，评估研究目标，并对外分享研究成果。

　　人物己关系学课程体系在高年龄段幼儿班进行项目教学，鼓励幼儿自发、持续和深入地探究。它把幼儿当作有特殊需要和兴趣的个体，把幼儿看作问题的发现者、问题答案的探究者，尽可能让幼儿自己获得信息，并用多种方式表达认识和感受。它还把幼儿的表达看作重要的不可替代的学习。从这个意义上说，幼儿既是探究者，又是表达者。在课程内容及其组织实施上，它注重幼儿的兴趣、生活、游戏，从项目的由来、网络图的制定、各领域的学习、环境的创设、活动的开展、资源的利用、项目的结题、项目的反思八个方面实施项目，主张让幼儿通过探究与周围的人、事物、思想建立起积极、稳定的关系。下面我们以"职业"为例阐述项目的开展。

一、项目的由来

　　项目主题的选择与开发，以观察、了解幼儿为基础，源于幼儿的现实生活。既满足幼儿当前的发展需要，又有助于拓展幼儿的经验与视野，为幼儿的和谐发展、终身发展打下良好的基础。

在"职业"项目教学中，教师在项目的由来中这样写到：

（1）和孩子一起进行职业体验，是一件非常愉快的事情。孩子可以在主题中好好感受一下当大人的感觉，好好感受一下自己的愿望实现的感觉。

（2）幼儿园在开展"热爱劳动好习惯"培养活动，不同的职业即是不同的劳动，大家都在为这个社会尽自己的一份力量。主题能够培养孩子的社会责任感，不管是区域活动还是真正实践的劳动，都能使孩子获得丰富的体验。

二、网络图的制定

主题选择后，教师会根据孩子的经验制定教师预设网络图并思考活动进行的可行性。如果可行，教师将与幼儿共同绘出主题网络图，画出现有的概念及理解。在活动开展过程中，师生将多次重新检视主题网络图或重新绘制，指出学到了什么，确认新问题，重复探究与呈现。

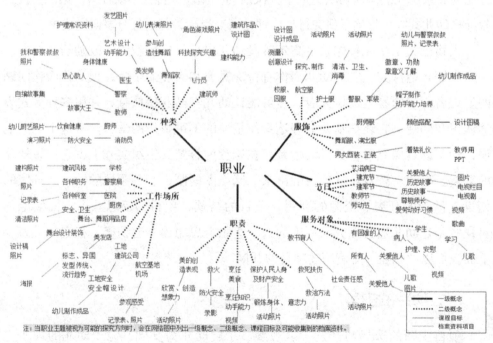

"职业"教师预设网络图

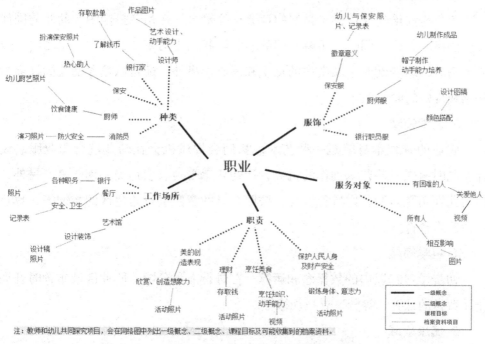

注：教师和幼儿共同探究项目，会在网络图中列出一级概念、二级概念、课程目标及可能收集到的档案资料。

"职业"教师和幼儿生成网络图

三、各领域的学习

幼儿的学习是整体性的，我们只是相对把幼儿的学习领域划分为学习品质、健康、语言、社会、科学、艺术六大领域。在人物已关系学课程体系项目教学中，幼儿以主题的形式开展主动学习，在真实的情境中获得全面的发展。同时，在每个项目开展的第一个阶段，教师也会规划在本项目中幼儿各个领域的发展情况，进而寻求课程的平衡。

在"职业"项目中，教师这样规划项目中的领域目标。

1. 语言领域

幼儿在职业体验中学会与同伴进行沟通，学习专业职业用语，在探究中发现、提出问题并充分表达自己。同时，幼儿通过思考，设计情境并用语言与同伴沟通自己的想法。

2. 社会领域

角色扮演给幼儿提供了很好的社会交往平台。在角色扮演中，幼儿与同伴进行协商、合作。同时，了解不同的职业给我们生活带来的便利，主动向专业人士请教，培养幼儿主动交往的意识和信心。另外，还可以培养幼儿的社会责任感和良好的职业操守。

3. 艺术领域

职业的着装本身就是一种艺术，我们会提供机会让幼儿进行职业服装设计。同时提供一些艺术创作的机会，让幼儿感受美、表达美、创造美。另外，让幼儿在角色体验区内进行设计，按照自己的意愿进行角色区的装饰等，也是一种艺术教育。

4. 科学领域

初步学习20以内的数概念和运算。在进行人员分配、职业区域布置时开展物品数量的计算、等分、寻找规律等。

5. 健康领域

在健康饮食方面，培养幼儿基本的饮食卫生和自我服务能力。在分组活动中，引导幼儿学会自我保护，提高安全意识。另外，关注幼儿的心理变化，引导幼儿正确处理成功与失败。

6. 学习品质

提供丰富多彩的材料激发幼儿参与活动的兴趣和好奇心，同时多鼓励幼儿，引导幼儿不怕困难、大胆创新、持之以恒地做事。

四、环境的创设

幼儿是在与环境的互动中成长的，创设良好的环境，有助于项目教学的有效开展。人物己关系学课程体系非常重视班级学习环境的创设，主张应遵循几个原则：融合性原则、动态性原则、参与性原则、操作性原则、规则性原则。同时也提出了一些具体要求，如项目主题确定后，一周之内更换主题墙、区域标志和张贴网络图；两周之内更新区域材料和图标；三周之内呈现幼儿的问题板、研究过程板、作品成果板，让幼儿的学习看得见；展示幼儿作品的具体要求：有活动主题名称、教师的话（前言说明）、作品完成时间、作者、幼儿的想法、呈现多样化学习方式（如画、布、塑料、废物等）等。

在"职业"项目中，我们认为，一个良好的主题环境，能够激发幼儿对主题研究的兴趣。而一名教师和幼儿一起参与创设的环境，能够提高幼儿主动探究的积极性。再加上家长为我们提供可创设环境的资源，这就让幼儿的学习得到了更好的支持。在项目开展的第一阶段，教师与幼儿一起布置主题墙，在班级创设多个职业区域，邀请家长带些职业材料来园，在班级展示幼儿的职业调查表、职业统计表等。第二阶段，随着项目的开展，调整班级环境，班级区域由多个区域调为银行、厨房、设计中心三个区域，同时区域材料也随着项目研究的不断深入进行更换，还要随着活动的开展，不断展示幼儿的学习过程，让幼儿的学习看得见。同时，随着研究的进一步深入，班级区域又调整为银行大厅、餐厅、艺术馆。第三阶段，也就是项目的最后阶段，幼儿要向家长展示他们在项目中的学习与发展，不仅要全面布置亲子体验的三个活动中心：银行大厅、餐厅、艺术馆，同时还要制作全面展示项目教学实施过程的项目成果板。另外，每个幼儿还要制作包含幼儿前后作品对比的成长板，在结题活动时向家长、教师、同伴等展示。

五、活动的开展

项目教学实施分为三个阶段，每个阶段都有明确的任务。在整个主题开展过程中，幼儿、教师、家长围绕主题共同参与活动，幼儿在实地参访、访谈专家、查阅资料、团队创作等过程中探究，通过讨论、书写、绘画、建构、舞蹈及扮演游戏等表现所学到的一切，获得有益的经验。

在"职业"项目第一阶段，主要进行了以下活动。

（1）教师与幼儿一起讨论"什么是职业"，幼儿普遍不了解职业特点，只看到职业的表象。

（2）幼儿进行"爸爸妈妈职业调查"并进行分享，对职业有了初步认识。

（3）幼儿访问幼儿园的专业职业——厨师、花匠，还有一位小朋友的爸爸——摄像师，通过访问三类专门职业人，使幼儿对职业产生浓厚的兴趣。

在"职业"项目第二阶段，通过观察幼儿的区域活动情况及幼儿的兴趣点，教师与幼儿一起对班级区域进行调整，创立了三个区域：厨房、设计中心、银行。同时根据这三个区域，把幼儿分成了三组。在这个阶段，幼儿主要的活动形式就是兴趣小组学习，同时穿插一些涉及全班性的集体活动。主要活动有以下几个方面：①厨房区域的厨师组，制作三明治、果汁、水果沙拉等活动；②设计中心的设计师组，设计漂亮的钱包，设计宣传海报、手提袋等活动；③银行区域的银行工作员，认识钱币、填写存取款单、保安人员职责调查等活动；④在小组区域活动时，还产生了一些共同的问题，如在银行如何存取款、如何平均分钱、如何发工资等，这些活动都在集体活动中开展。同时，各组开展过程中产生的问题，各学习小组自己想办法解决，在解决过程中幼儿感受到人与人之间相互服务的重要性。

随着活动的进一步深入，教师与幼儿又对区域进行了调整，升级为餐厅、艺术馆、银行大厅，幼儿也明白了不同工作场所的具体职业也不一样，还有更详细的分工。餐厅有厨师、服务员、收银员、礼仪；艺术馆有馆长、业务员、设计师、一级设计师、收银员；银行大厅有经理、存款处负责人、取款处负责人、存款协助、取款协助、警卫、填单服务员等。幼儿对这些职业进行了研究，并进行了分工合作。主要活动有以下几个方面：①餐厅组。餐单制作、餐牌竖立、如何开餐厅等活动；②艺术馆组。拼贴画制作、软陶制作、如何拍卖等；③银行大厅组。如何算钱、保安职责、如何运营银行等。

在"职业"项目第三阶段，到了活动的最后阶段，教师和幼儿要向家长、同行、他班幼儿等全面呈现项目教学的开展情况，他们一起商量如何进行结题活动。主要活动有以下几个方面：①制作结题活动邀请函，邀请家长参与活动；②每个幼儿制作一个成长板，展示自己在项目教学中的收获；③教师从八个方面（项目的由来、网络图的制定、各领域的学习、环境的创设、活动的开展、资源的利用、项目的结题、项目的反思）制作一个PPT课件，结题活动当天向家长全面介绍项目开展情况；④教师与幼儿一起商讨结题活动的形式，如知识问答、戏剧表演、亲子游戏等，最后本项目确定为亲子游戏体验，家长参加餐厅、艺术馆、银行大厅的相关活动，感受幼儿在不同职业中的成长。

六、资源的利用

人物己关系学课程体系关注幼儿生活的环境，在项目教学中更是主张利用幼儿周边的资源开展活动。教师积极创造条件，让家长认同、支持、参与幼儿园课程的开发和实施。充分利用家庭、社区及周边环境的教育资源，扩展幼儿生活和学习的空间。课程主题确定第一周，教师就会向家长发放课程告知书，引导家长参与课程，充分利用家长资源。在主题活动开展过程中，教师积极争取家长的理解、支持和主动参与。主题活动结束时，师生主动邀请家长参与结题活动。

在"职业"项目中，家长、社区资源得到了充分的利用。在第一阶段，向家长发放课程告知书，请家长带一些与项目相关的材料来园，有意识地引导家长参与项目；当孩子们对职业认识不深时，请家长配合职业调查表，向幼儿讲解不同的职业；当幼儿需要专业人士时，摄影师家长主动来园为幼儿讲解摄影技术，并专业解答幼儿的问题；同时，还邀请幼儿园的厨师、花匠参与班级的项目教学，解答幼儿的问题。

在第二阶段，随着项目的开展，幼儿产生了更多的问题，需要更多的资源，如需要外出参访银行、餐厅、艺术中心，家长提供参访地点；当幼儿外出参访时，家长义工主动参与活动，保障幼儿安全；当幼儿不知如何拍卖作品时，家长邀请专业的拍卖师到幼儿园，现场为幼儿讲解如何拍卖；等等。

在第三阶段，家长们积极参与结题活动。当幼儿向家长讲解幼儿项目成长板时，家长多些鼓励，激发幼儿讲解的愿望；当需要家长参与银行大厅、餐厅、艺术馆拍卖会亲子活动时，家长认真配合；当幼儿进行与项目相关的戏剧表演时，家长给予热烈的掌声、清脆的笑声等，这些都是家长资源的有效利用。

七、项目的结题

结题活动是项目的最后一个阶段，主要包含三个方面的任务：总结经验、评估目标、分享成果。人物己关系学课程体系把结题当作一个项目的结束，同时又作为下一个项目的起点。主要包含以下几个方面的内容：①教师通过PPT

课件向家长全面介绍项目开展情况；②教师通过活动展板全面展示项目的开展；③教师以集中展示的形式呈现幼儿在项目中的成长，如技能展示、知识问答、戏剧表演等形式；④家长以一定的角色参与孩子的角色游戏，让家长在参与中感受孩子的成长；⑤家长填写课程满意度调查表，以便教师了解家长对课程的认同度，进而提升课程的质量。在"职业"项目中，教师同样非常重视结题活动，最为有趣、有意义的就是家长以客户的身份参与银行大厅、餐厅、艺术馆拍卖会的活动，在与专业人士（幼儿扮演的各种职业）的沟通与交流中感受课程的魅力和幼儿的成长。

八、项目的反思

反思，反省过去，思考未来。人物己关系学课程体系把项目反思作为项目开展的重要一环。参与反思的人员是多元的，不仅有教师，还有幼儿、家长、幼儿园管理人员等。反思在项目开展的三个阶段都存在，而不是仅仅在第三阶段才开始反思。反思的内容也是多样的，既包括幼儿的成长、教师的发展、家长的进步、幼儿园的管理、社区的参与等，还包括整个项目的规划、组织、检查及总结等。

在"职业"项目中，教师对整个项目活动进行了反思。具体如下。

（1）"职业"主题深受幼儿喜爱，银行、餐厅、艺术馆三个学习小组非常适合幼儿的年龄特点，给了幼儿很大的发挥空间。

（2）在整个项目中，幼儿得到了整体性发展，特别是社会文化方面得到较好的发展，通过与同伴、教师、家长的互动，亲身感受人们是如何为他人提供商品和服务的。

（3）在项目开展过程中，班级教师、保育员通力合作，共同研究，专业性得到了极大的提升。同时，教师在项目开展过程中，专业自信心增强，感受到了项目教学的魅力，有助于以后项目教学的开展。

（4）社区是项目教学的重要资源，访问专家也是幼儿项目探究的重要学习途径，在本项目中，社区专家使用得较少，以后可以加大这个资源的使用。

（5）亲子体验是结题活动的一种重要形式，本次结题活动主要采取这种方式，家长亲身参与到活动中，给了我们较高的评价：孩子很快乐，而且在这个研究过程中，孩子的很多能力得到了锻炼和提高。

教育要面向未来，项目教学为这个目的架起了一个桥梁。人物己关系学课程体系关注桥梁建设，坚信在人物己关系学核心教育理念指引下，必将引领孩子到达人与人、人与物、人与己三大关系的彼岸。

参考文献

[1]顾明远.中国教育的文化基础［M］.太原：山西教育出版社，2018.

[2]中华人民共和国教育部.幼儿园教育指导纲要（试行）［Z］.教基〔2001〕20号，2001-08-01.

[3]中华人民共和国教育部.3—6岁儿童学习与发展指南［Z］.北京：首都师范大学出版社，2012.

[4]中华人民共和国教育部.《幼儿园教师专业标准（试行）》《小学教师专业标准（试行）》和《中学教师专业标准（试行）》的通知［Z］.教师〔2012〕1号，2012-02-10.

[5]中华人民共和国教育部.幼儿园工作规程［Z］.中华人民共和国教育部令第39号，2016-01-05.

[6]中共中央、国务院.深化新时代教育评价改革总体方案［Z］.2020-10-13.

[7]文森特·赖安·拉吉罗.思考的艺术［M］.金盛华，李红霞，邹红，等，译.北京：机械工业出版社，2013.

[8]朱家雄.幼儿园课程［M］.上海：华东师范大学出版社，2003.

[9]李其维.论皮亚杰心理逻辑学［M］.上海：华东师范大学出版社，1990.

[10]玛丽·霍曼，伯纳德·班纳特，戴维·P.维卡特.活动中的幼儿——幼儿认知发展课程（幼儿园教师手册）［M］.郝和平，周欣，译.北京：人民教育出版社，1994.

[11]王坚红.学前教育评价［M］.北京：人民教育出版社，2010.

[12]施良方.课程理论——课程的基础、原理与问题［M］.北京：教育科学出版社，1996.

［13］北京市教育科学研究所.陈鹤琴全集（第三卷）［M］.南京：江苏教育
出版社，1990.

［14］戴自俺.张雪门幼儿教育文集（上下卷）［M］.北京：北京少年儿童出
版社，1994.

［15］傅佩荣.哲学与人生［M］.北京：北京联合出版公司，2019.

［16］吕思勉.上下五千年［M］.西安：陕西师范大学出版总社，2018.

［17］卡洛琳·爱德华兹，莱拉·甘第尼，乔治·福尔曼.儿童的一百种语言
［M］.罗雅芬，连英式，金乃琪，译.南京：南京师范大学出版社，
2008.

［18］玛利亚·蒙台梭利.蒙台梭利早期教育法［M］.祝东平，译.北京：中国
发展出版社，2007.

［19］玛利亚·蒙台梭利.童年的秘密［M］.梁海涛，译.上海：上海人民出版
社，2007.

［20］玛利亚·蒙台梭利.有吸收力的心灵［M］.高潮，薛杰，译.北京：中国
发展出版社，2007.

［21］米歇尔·格雷夫斯.理想的教学点子1：以核心经验为中心设计日常计划
［M］.林翠梅，杨世华，蔡庆贤，译.南京：南京师范大学出版社，2009.

［22］米歇尔·格雷夫斯.理想的教学点子2：以幼儿兴趣为中心做计划［M］.
杨世华，译.南京：南京师范大学出版社，2009.

［23］米歇尔·格雷夫斯.理想的教学点子3：100个小组活动经验［M］.蔡庆
贤，译.南京：南京师范大学出版社，2009.

［24］米歇尔·格雷夫斯.理想的教学点子4：家长工作坊的必备资源［M］.杨
世华，译.南京：南京师范大学出版社，2009.

［25］零点方案，等.让儿童的学习看得见——个体学习与集体学习中的儿童
［M］.朱家雄，等，译.上海：华东师范大学出版社，2007.

［26］裘迪·哈里斯·赫尔姆，丽莲·凯兹.小小探索家：幼儿教育中的项目课
程教学［M］.林育玮，洪尧群，陈淑娟，等，译.南京：南京师范大学
出版社，2004.

［27］裘迪·哈里斯·赫尔姆，萨莉·贝内克.项目课程的魅力：应对当代幼儿教室挑战的策略与方法［M］.林育玮，等，译.南京：南京师范大学出版社，2016.

［28］丽莲·凯兹，西尔维亚·查德.开启孩子的心灵世界：项目教学法［M］.胡美华，译.南京：南京师范大学出版社，2017.

［29］凯瑟琳·C.柯西，玛丽·L.马斯特森.积极指导儿童的101条原则［M］.黄爽，高宏钰，译.北京：机械工业出版社，2015.

［30］玛乔丽·菲尔茨，帕特里夏·梅里特，德博拉·菲尔茨.0—8岁儿童纪律教育——给教师和家长的心理学建议［M］.7版.蔡菡，译.北京：中国轻工业出版社，2019.

［31］托马斯·戈登.父母效能训练：让亲子沟通如此高效而简单［M］.琼林，译.北京：中国发展出版社，2015.

［32］亚德里安·弗海姆，迪米特里奥斯·蒂维利克斯.聊聊稀奇古怪的心理学［M］.诸葛雯，译.北京：电子工业出版社，2020.

［33］马戈·迪希特米勒，朱迪·雅布隆，阿维娃·多尔夫曼，等.作品取样系统：教室里的真实性表现评价［M］.廖凤瑞，陈姿兰，译.南京：南京师范大学出版社，2009.

［34］斯坦利·格林斯潘，南希·桑代克·格林斯潘.学习树：系统解决孩子学习问题的新思维［M］.李瑾，译.杭州：浙江人民出版社，2014.

［35］汪震，王正己.国学大纲［M］.北京：民主与建设出版社，2017.

［36］邓晓芒.哲学起步［M］.北京：商务印书馆，2019.

［37］胡适.中国哲学常识［M］.成都：天地出版社，2019.

［38］吉莉恩·巴特勒，弗雷达·麦克马纳斯.生活中的心理学［M］.韩邦凯，译.南京：译林出版社，2013.

［39］安·S.爱泼斯坦.学前教育中的主动学习精要——认识高宽课程模式［M］.霍力岩，等，译.北京：教育科学出版社，2012.

［40］高瞻教育研究基金会.高瞻课程的理论与实践：学前儿童观察评价系统（COR Advantage）［M］.霍力岩，等，译.北京：教育科学出版社，2018.

［41］高瞻教育研究基金会.高瞻课程的理论与实践：学前教育机构质量评价系统［M］.霍力岩，黄爽，黄双，等，译.北京：教育科学出版社，2018.

［42］简楚瑛.方案教学的理论与实务［M］.上海：华东师范大学出版社，2005.

［43］虞永平.生活化的幼儿园课程［M］.北京：高等教育出版社，2010.

［44］希尔玛·哈姆斯，理查德·M.克利福德，戴比·克莱尔.幼儿学习环境评量表（全三册）［M］.周欣，等，译.上海：华东师范大学出版社，2015.

［45］刘焱.中国幼儿园教育质量评价量表（全三册）［M］.北京：北京师范大学出版社，2019.

N